Stefan Hohage

Erwartezeit

Menschen im Advent

STEFAN HOHAGE

ERWARTEZEIT

Menschen im Advent

MIX
Papier | Fördert gute Waldnutzung
FSC® C014496
FSC
www.fsc.org

Stefan Hohage
Erwartezeit
Menschen im Advent

Best.-Nr. 271979
ISBN 978-3-86353-979-5
Christliche Verlagsgesellschaft Dillenburg

Best.-Nr. 180245
ISBN 978-3-85810-642-1
Verlag Mitternachtsruf, www.mnr.ch

Es wurde folgende Bibelübersetzung verwendet:
Zürcher Bibel

1. Auflage

www.cv-dillenburg.de

Satz und Umschlaggestaltung:
Christliche Verlagsgesellschaft Dillenburg

Druck: GGP Media GmbH, Pößneck
Printed in Germany

Wenn Sie Rechtschreib- oder Zeichensetzungsfehler gefunden haben, können Sie uns gern kontaktieren: info@cv-dillenburg.de

Inhalt

Vorwort

Erwartezeit – Menschen im Advent geht auf verschiedene Vorträge und Andachten zurück, die ich in den vergangenen Jahren zur Adventszeit in manchen Kirchengemeinden halten durfte. Daraufhin habe ich mich entschlossen, diese Vorträge niederzuschreiben und in einem zusammenfassenden Büchlein publizieren zu lassen, wofür ich dem Verlag sehr dankbar bin.

Inspirieren lassen habe ich mich dabei von verschiedenen Beiträgen und Kommentaren in Wort und Schrift. Mein besonderer Dank hierzu gilt dem Theologen und Historiker Dr. Wolfgang Nestvogel, dem Bibellehrer John F. MacArthur und vor allem dem Prediger, Coach und Trainer Andreas Hildebrandt. Sie alle haben mir wertvolle Impulse zu praktischen Auslegungsfragen, aber auch bedeutende Hintergrundinformationen zu geschichtlichen Besonderheiten zur Zeit des Alten und Neuen Testamentes geliefert.

Stefan Hohage

Einleitung

Adventszeit ist Wartezeit. Advent feiern heißt warten können. Das Weihnachtsfest hat noch nicht begonnen, wir warten noch darauf. Und jedes Jahr im Advent warten wir darauf, unsere Wohnungen festlich zu schmücken, unsere Freunde und Verwandten einzuladen, unsere Kinder zu beschenken, und uns daran zu erinnern, dass Jesus Christus für uns in die Welt gekommen ist, um die Erlösung zu bringen. Erlösung des Menschen und Erlösung der Welt.

> *»Noch ist nicht Weihnachten, aber noch ist's auch nicht der große letzte Advent, das letzte Kommen Christi, und durch alle Advente unseres Lebens, die wir feiern, geht die Sehnsucht nach dem letzten Advent, wo es heißt: Siehe ich mache alles neu.« (Offenbarung 21,5)*

So schrieb Dietrich Bonhoeffer bereits vor 100 Jahren.

Jesus Christus kam als Mensch auf diese Erde. Dies war zweifellos das bedeutendste Ereignis der Weltgeschichte. Gott wurde Mensch. Kann man sich das vorstellen?

Bedeutende Ereignisse, die eine Gesellschaft, ein Land, ein Volk, betreffen, kündigen sich meistens vorher an. Große Dinge in der Geschichte passieren nicht einfach plötzlich und spontan. Wenn die Ankunft des

Messias, wenn das Erscheinen des Gottessohnes in der Welt das bedeutendste Ereignis der Weltgeschichte war, kommt es nicht einfach so unvermittelt in diese Welt, sondern wird gewiss angekündigt durch Menschen in der Umgebung.

War das denn so?

Eigentlich nicht. Es ist seltsam, aber wir wissen von nur wenigen Israeliten, die den Messias erkannten, als Jesus geboren wurde. Die große Masse der damals lebenden Juden wartete sicher nicht auf die Ankunft des Messias.

Andererseits war es aber auch nicht so, dass niemand an ihn dachte, denn im ersten frühen Jahrhundert gab es durchaus eine Menge gläubiger Menschen, die auf den Messias wartete.

Zum Beispiel gab es die Prophezeiung im Propheten Daniel, bei der Daniel über diese 70 Jahrwochen usw. spricht; da konnte man die Zeit des Eintreffens des Messias im Grunde schon berechnen.

Anderes Beispiel: Es heißt bei Johannes dem Täufer, dass »das Volk voller Erwartung war und alle in ihrem Herzen überlegten, ob er nicht der Christus sei«.

Man kann sagen: Zwar nicht die große Masse, aber immerhin alle treuen Gläubigen standen schon bereit und befanden sich in Warteposition. Das Problem war aber, sie verkannten den Herrn, weil er so gar nicht ihren Erwartungen von einem König entsprach. Das bemerkt man schon bei Jesu Geburt.

Wer erkannte ihn eigentlich schon bei seiner Geburt als Messias? Nun, das ist schnell beantwortet:

- Maria und Josef selbst
- Einige Hirten, die draußen schliefen
- Immerhin ein paar angesehene Magier aus fremdem Land, das waren aber keine Juden, sondern Ausländer und Heiden
- Eine alte Witwe
- Der gottesfürchtige Simeon

Und dann waren noch beteiligt:
- Ein Priester, dem die Sprache abhandengekommen war, und seine Frau
- Ein »brummiger« Gastronom, der voll belegt war.

Merken wir es? Die ganze Weihnachtsgeschichte wirkte alltäglich, vielleicht ein wenig prekär, zumindest etwas wunderlich. Auf jeden Fall war sie nicht von Pracht, von Glanz und von Ruhm begleitet. Es erschollen keine Fanfaren, und es wurde kein roter Teppich ausgerollt. Im Tempel wurde kein Sondergottesdienst gefeiert. Dem König von Israel wurde keine Krone verliehen. Er wurde stattdessen in eine geliehene Krippe gelegt.

Aber, wie gesagt, es gab durchaus einige Menschen, die mit der Ankunft des Herrn schon vorher rege beschäftigt waren. Entweder hatten sie die Zeichen der Zeit verfolgt und erkannt, oder Gott selbst hatte sich ihnen auf eine außergewöhnliche Art offenbart.

Daher habe ich auf den folgenden Seiten fünf Menschen, die uns im Advent begegnen, lebendig werden lassen: Der gerechte Simeon, die Prophetin Hanna, der Priester Zacharias, Jesu leibliche Mutter

Maria und schließlich Josef zeigen mit ihrem Leben, wie sie als gottesfürchtige Menschen den Erlöser der Welt erwarten – jeder einzelne auf seine Art. Und jede dieser einzelnen Personen stellt mit ihrem Leben und ihren besonderen Charaktereigenschaften ein Beispiel dar, ein Vorbild für uns Christen in der heutigen Zeit – um »Advent« und »Warten« in unserem Leben wirklicher werden zu lassen.

Simeon. Lebensziele richtig gesetzt

*25 Und da war in Jerusalem einer mit Namen Simeon,
und dieser Mann war gerecht und gottesfürchtig; er
wartete auf den Trost Israels, und heiliger Geist ruhte
auf ihm. 26 Ihm war vom heiligen Geist geweissagt
worden, er werde den Tod nicht schauen, bevor er den
Gesalbten des Herrn gesehen habe. 27 Nun kam er,
vom Geist geführt, in den Tempel. Und als die Eltern
das Kind Jesus hereinbrachten, um an ihm zu tun,
was das Gesetz des Herrn vorschreibt, 28 da nahm er
es auf die Arme und pries Gott und sprach: 29 Nun
lässt du deinen Diener gehen, Herr, in Frieden, wie
du gesagt hast, 30 denn meine Augen haben das Heil
gesehen, 31 das du vor den Augen aller Völker be-
reitet hast, 32 ein Licht zur Erleuchtung der Heiden
und zur Verherrlichung deines Volkes Israel. 33 Und
sein Vater und seine Mutter staunten über das, was
über ihn gesagt wurde. 34 Und Simeon segnete sie
und sagte zu Maria, seiner Mutter: Dieser hier ist
dazu bestimmt, viele in Israel zu Fall zu bringen und
viele aufzurichten, und er wird ein Zeichen sein, dem
widersprochen wird – 35 ja, auch durch deine Seele
wird ein Schwert dringen –, damit aus vielen Herzen
die Gedanken offenbar werden.
(Lukas 2,25-35)*

Die Begebenheit mit Simeon ist eigentlich eine Nachweihnachtsgeschichte. Außerdem gehört Simeon nicht gerade zu den Prominenten der Bibel. Er ist eher der Mann aus der zweiten Reihe. Und trotzdem ist Simeon bekannt geworden – und zwar durch sein berühmt gewordenes »Nunc dimittis«, einer der drei Lobgesänge des Lukasevangeliums, der später in verschiedenen Fassungen vertont worden ist. Simeon ist einer, der die längste Adventszeit seines Lebens verbracht hat.

Was kennzeichnet Simeon?

1. Simeon ist auf eine radikale Art hingegeben

Wir lesen von ihm: Simeon ist **gerecht.** Oder auch: Simeon ist **gottesfürchtig.** Vielleicht hat er eine Vision gehabt:

> *»Er werde den Tod nicht schauen, bevor er den Gesalbten des Herrn gesehen habe.«*

Simeon war jedenfalls über die Ankunft des Messias nicht überrascht. Er war darauf vorbereitet. Für die Erfüllung seines Wunsches war er disponiert. Trotz langer Wartezeit war Simeon gewiss, dass Gott sein Versprechen halten würde. Dies war seit langer Zeit in der Bibel angekündigt, und das wusste Simeon:

Hier eine Auswahl an messianischen Hinweisen aus dem Alten Testament, die Simeon wahrscheinlich gekannt hat:

2000 v. Chr.	1. Mose 49,10	Nie weicht das Zepter von Juda, der Führerstab von seinen Füssen, bis sein Herrscher kommt und ihm gebührt der Gehorsam der Völker.
1500 v. Chr.	4. Mose 24,17	Ich sehe ihn, doch nicht jetzt, schaue ihn, doch nicht nahe. Ein Stern tritt hervor aus Jakob, und ein Zepter erhebt sich aus Israel und zerschmettert die Schläfen Moabs und schlägt nieder alle Söhne Sets.
750 v. Chr.	Micha 5,1	Und du, Betlehem-Efrata, zu klein, um zu den Tausendschaften von Juda zu zählen, aus dir wird er für mich hervorgehen, um Herrscher zu sein über Israel. Und seine Ursprünge liegen in der Vorzeit, in längst vergangenen Tagen.
500 v. Chr.	Sacharja 9,9	Juble laut, Tochter Zion, jauchze, Tochter Jerusalem, sieh, dein König kommt zu dir, gerecht und siegreich ist er, demütig und auf einem Esel reitend, auf einem Fohlen, einem Eselsfohlen.

Und nun wartete Simon auf den Trost Israels – Dieser Trost ist nicht abstrakt, sondern eine Person. Das ist der »Menachem«: Gott ist Tröster (Jesaja 40,1; vergleiche auch Jesaja 61). Der Messias wird den »Shalom« Gottes bringen. Er bringt den ganzheitlichen Frieden, zwischen

- Mensch und Gott
- Mensch und Mensch
- Mensch und sich selbst

In unserem Leben empfinden wir stets ein Bedürfnis nach Trost; wenn auch nicht immer präsent. Oft haben wir Trost nötig, wo wir ausgebrannt sind. Wo Freundschaften entzweit sind, und wo es in Familien nicht mehr stimmt. Da verschließen sich Menschen, Türen bleiben verschlossen. Gerade Weihnachten bricht solche Wunden wieder auf. Oft bricht auch die eigene Schuld wieder hervor. Dann merken wir, dass irgendetwas in unserem Leben nicht stimmt. Und zwar so lange, bis uns der Tod erwartet, und das Unbekannte kommt. Wenn wir daran denken, in manchen Stunden, dann legt sich die Traurigkeit wie ein Ölfilm über unsere Seele.

Es ist tröstlich zu wissen, dass Gott verheißt:

»Den Tod hat er für immer verschlungen, und die Tränen wird Gott der HERR von allen Gesichtern wischen.«
(Jesaja 25,8)

Der Theologe Friedrich von Bodelschwingh war im Jahre 1945 schwer krank, politisch verfolgt, und sein Lebenswerk Bethel war zerstört. In dieser Zeit dichtet er:

Aus tausend Traurigkeiten
Zur Krippe geh'n wir still
Das Kind der Ewigkeiten
Uns alle trösten will.

Aber zurück zu Simeon: Als der Heilige Geist zu ihm spricht, ist ihm klar, dass er ihm **gehorchen** muss.

Der Heilige Geist spricht zu ihm: »Gehe in den Tempel!« Und Simeon macht sich auf. Gehorsam war wohl seine Gewohnheit. Ja, trotz seines Alters ist Simeon vielleicht immer gehorsam gewesen.

Gehorsam ist ein bisschen aus der Mode gekommen. Aktiv gelebt wird er vielleicht in der Bundeswehr! Gehorsam Gott gegenüber ist eigentlich out. Aber er lässt dich und mich in Bewegung kommen. Dies hat immer Segen zur Folge!

Die Motive für Gehorsam können verschieden sein:

- Furcht vor Bestrafung
- Wunsch nach Belohnung
- Viel wichtiger aber: Liebe – weil ich Gott liebe! Und weil ich ihm damit meine Wertschätzung ausdrücke!

2. Simeon ist für Gottes Geist empfänglich

Der Heilige Geist wird in dieser Textstelle oft genannt, dreimal in den Versen 25-27:

> 25 *Und da war in Jerusalem einer mit Namen Simeon,*
> *und dieser Mann war gerecht und gottesfürchtig;*
> *er wartete auf den Trost Israels, und* ***heiliger Geist***
> *ruhte auf ihm.* 26 *Ihm war vom* ***heiligen Geist*** *geweissagt worden, er werde den Tod nicht schauen,*
> *bevor er den Gesalbten des Herrn gesehen habe.*
> 27 *Nun kam er, vom* ***Geist*** *geführt, in den Tempel.*
> *(Hervorhebungen vom Autor)*

Wenn Simeon in den Tempel kommt, um das Jesuskind mit seinen Eltern zu sehen, trifft er in eine völlig normale Alltagssituation hinein – es umgeben ihn ganz normale Leute, Ehepaare, Kinder, Geschrei und Windeln.

Vergegenwärtigen wir uns, was an diesem Tag der Beschneidung los war. Maria musste zwei Dinge tun:

Erstens, ein Reinigungsopfer darbringen, um sich vom Wochenfluss zu reinigen, und zwar, weil es ein Junge war, nach 40 Tagen: 3. Mose 12,1-8. Dazu brauchte man ein Lamm als Brandopfer und eine Taube als Sündopfer, die ärmeren Leute konnten auch stattdessen einfach nur zwei Tauben als Opfer mitbringen.

Zweitens musste sie ihren Sohn dem Herrn »darstellen«. Dies erinnert an 2. Mose 12; siehe auch 2. Mose 13,11 ff. Alles Erstgeborene musste dem Herrn geweiht sein. Jesus war ihr erstgeborener Sohn. Er musste dem Herrn geweiht werden. Dies lesen wir auch im Alten Testament bei Samuel. Die Eltern durften den Erstgeborenen aber mit fünf Schekeln von diesem Dienst loskaufen. Vergleiche dazu 4. Mose 18,15 ff.

Als Simeon dazukam, konnte er den kleinen Jesus eigentlich nicht sofort erkennen.

Aber vielleicht hatte der Heilige Geist seine Sinne geschärft, und er bemerkte ihn schnell.

Der Heilige Geist kann auch heute noch deine Sinne schärfen. Wie sieht das bei dir aus?

Manche Menschen leben so vor sich hin, ereignislos, sie erleben keine Abenteuer mit Gott.

Andere wiederum sind so erfüllt, weil ihr ganzes Wesen auf Gott ausgerichtet ist.

Ihr innerer Empfänger ist eingestellt auf »Empfang von Gott«. Was lernen wir von Simeon?

- Simeon hat ein Innenleben, das hell und klar ist, geprägt durch den Geist Gottes.
- Simeon lernt durch den Heiligen Geist. Er weiß, dieser Jesus ist der Retter der Welt.
- Der Heilige Geist macht Simeon erwartungsvoll. Natürlich ist er alt, aber er ist für den Heiligen Geist ständig auf Empfangsbereitschaft.
- Vergleiche es mit der Stummschaltung deines Smartphones! Andere kriegen das nicht mit. Er aber spürt das Surren, hebt ab und macht sich auf den Weg.

Wir können vorläufiges Fazit ziehen: Der Heilige Geist ...

- ... prägt das Innenleben des Simeon
- ... lehrt und unterweist den Simeon
- ... macht Simeon erwartungsvoll
- ... inspiriert ihn, loszugehen.

Wie sieht es bei dir aus? Der Apostel Paulus sagt dazu:

> *»Denn die vom Geist Gottes getrieben werden, das sind Söhne und Töchter Gottes.«* (Römer 8,14)

Kannst du immer so »fromm« sein? Treibt dich Gottes Geist? Was hindert dich daran, dich von Gottes Geist treiben zu lassen?

Gut, du könntest einwenden: Simeon hatte seinerzeit gut reden.

- Du stehst in einer völlig anderen Situation.
- Du trägst vielleicht Verantwortung für deine Familie.
- Du hast Herausforderungen im Job
- Außerdem bist du noch so jung, noch nicht so vergeistigt wie der alte Simeon.

Aber denk doch mal weiter: Als Christ bist du aufgefordert, die »Früchte des Fleisches« zu meiden, dafür die »Früchte des Geistes« zu verwirklichen.

»Betrübt nicht den heiligen Geist Gottes.«
(Epheser 4,30)

Wie sieht es bei dir aus mit Jähzorn, Neid, Habsucht, mit negativem Reden über andere, deine sexuelle Begierde, mangelnde Liebe gegenüber deinen Geschwistern?

Deshalb: Entwickle Gewohnheiten und trainiere dich darin, deine geistlichen Antennen auszufahren, um die Impulse des Heiligen Geistes nicht zu verpassen.

Vielleicht bringt der Heilige Geist dein Leben durcheinander wie bei Simeon. Dann aber zum Segen für dein Leben!

3. Simeon hat seine Lebensziele für sich geklärt

»Nun lässt du deinen Diener gehen, Herr.« (Vers 29)

Simeon kann in Ruhe sterben. Gottes Lob sprudelt aus ihm heraus. Der Moment, auf den er ausgerichtet war, ist eingetreten.

Was sind deine Lebensziele? Was soll bis zum Ende deines Lebens noch geschehen?

Vielleicht kennst du den Film »Das Beste kommt zum Schluss« mit Morgan Freeman und Jack Nicholson. Er handelt von zwei unterschiedlichen Typen, die sich im Krankenhaus begegnen. Beide müssen bald sterben. Vor dem Tod beschließen sie eine »Löffelliste«. Noch einmal große Dinge tun. Großes erleben, bevor man die »Löffel abgibt«.

Eine Klettertour im Himalaya, Autorennen, Fallschirmsprung, Großwildjagd. Das erleben die beiden gemeinsam. Am Ende kann aber zumindest einer der Männer vor dem Sterben sich einen persönlichen Wunsch erfüllen: die Versöhnung mit seiner Tochter. Immerhin etwas »Ewiges«.

Was sind deine *wirklichen* Lebensziele? Sind sie geistlich geprägt? Normalerweise streben wir Irdisches an:

- Zunächst unsere Entwicklung: Ausbildung, Beruf, die Wahl des Ehepartners.
- Später dann die Konsolidierung im Job, vielleicht Eigentum, Hausbau, Karriere, Kinder.
- Noch später geht es dann um Altwerden: Wichtig werden Gesundheit, ein schöneres Leben im Ruhestand; und wenn es ans Sterben geht: Meist sind es dann doch »Herzensangelegenheiten«, das Klären von Familienzerwürfnissen, ein vielleicht zerrüttetes Verhältnis zu anderen Menschen oder den eigenen Kindern klären.

Als Christ ahnst du vielleicht, dass es noch andere Ziele für dich gibt: fester werden im Glauben, deine Liebe dem Herrn gegenüber stärken und optimieren. Dich auf die Ewigkeit ausrichten.

Bei Simeon geht es ums Schauen, um eine neue Erkenntnis. Er sagt von sich selbst:

> *»Denn meine Augen haben das Heil gesehen.«*
> *(Vers 30)*

Im Alten Testament bekennt Hiob: »*Jetzt hat mein Auge dich gesehen*« (Hiob 42,5).

Die verstoßene Hagar ruft in der Wüste aus: »*Du bist ein Gott, der sich schauen lässt*« (1. Mose 16,13).

Simeon sieht weiter. Und er staunt über das Wunder der Erlösung. Auch Maria und Josef wunderten sich darüber, was über ihren Sohn gesagt wurde:

> *»Und sein Vater und seine Mutter staunten über das, was über ihn gesagt wurde.« (Vers 33)*

Auch Simeon staunte. Über Weihnachten kann man staunen, selbst wenn man theologisch nicht alles verstehen kann. Und dann nimmt er das Kind in seine Arme. Der Schöpfer der Welt begibt sich in die Arme von Menschen. Ob Simeon vorher gefragt hat?

4. Simeon kommuniziert klar gegenüber seinen Mitmenschen

»Dieser ist gesetzt zum Fall und Aufstehen ...«
(Vers 34)

Simeon handelt wie ein geistlicher Vater, und er gibt weiter, was er von Gott gehört hat. Und er hat eine Mission, und da spart er nicht an Dringlichkeit gegenüber der Mutter, die noch ein Teenager ist. Er sieht, wie Maria einmal Leid erleben wird, wenn ihr Sohn später einmal seinen Auftrag erfüllen muss. Er muss großes Leid für Sohn und Mutter ankündigen. Und tatsächlich ist es so: Bei Jesus scheiden sich die Geister.

Später sagt Petrus einmal:

»Und in keinem anderen ist das Heil.«
(Apostelgeschichte 4,12)

Dass der Mensch nur durch Jesus Christus erlöst werden kann, ist exklusiv. Dieser Tatbestand schließt die Erlösungswege anderer Religionen kategorisch aus. Das Ergebnis ist dann klar: An Jesus scheiden sich die Geister.

Jesus scheidet die Menschen in solche, die für ihn sind, und solche, die gegen ihn sind. Die Menschen werden entweder mit ihm auferstehen oder an ihm zu Fall kommen. Jesus sagt uns unsere Schuld. Aber er bietet immer einen Ausweg:

- Zum frommen Pharisäer Nikodemus sagt er: »Du kannst neu beginnen.«

- Zum knauserigen Zachäus: »Du kannst neu anfangen.«
- Zur Prostituierten Maria Magdalena, die er von ihren okkulten Bindungen befreit: »Du kannst die Freiheit erleben.«

Dies führt zum Fall, aber wenn Jesus vergibt, dann stehst du mit seiner Hilfe wieder auf, zu einem neuen Leben, zu einem Neuanfang. Einen Mittelweg gibt es da nicht. Manche wollen einer Entscheidung entgehen.

Siehe zum Beispiel das Weihnachtsfest: Viele Christen sind tolerant und einverstanden, wenn es keine Weihnachtsfeier im Betrieb oder in der Schule gibt. Um Muslime oder Atheisten nicht zu provozieren. Bleiben wir mutig und sprechen das an! Nutzen wir die Weihnachtsmüdigkeit in der Gesellschaft, die Menschwerdung Gottes zu verkünden!

Was bedeutet Weihnachten?

Wir wissen, dass hinter Weihnachten der große Heilsplan Gottes steht. Und wer über die Krippe spricht, darf auch vom Kreuz nicht schweigen. Plötzlich hat der Advent, hat Weihnachten all seine Beschaulichkeit verloren!

Simeon blickt weiter. Er sieht den Erlöser. Sein Blick geht weiter, von der Krippe vielleicht schon hin zum Kreuz. Sein Leben war hellwach. Simeons Erfolg zum Lebensende war das Ergebnis seiner richtig gesetzten Ziele und Prioritäten in seinem Leben. Lernen wir von ihm!

Hanna. Ihr Warten wurde belohnt!

36 Und da war eine Prophetin, Hanna, eine Tochter
Phanuels, aus dem Stamm Asser, die war schon
hochbetagt. Nach ihrer Zeit als Jungfrau war sie
sieben Jahre verheiratet 37 und danach Witwe ge-
wesen bis zum Alter von vierundachtzig Jahren. Sie
verließ den Tempel nie, weil sie Tag und Nacht Gott
diente mit Fasten und Beten. 38 Zur selben Stunde
trat auch sie auf und pries Gott und sprach von ihm
zu allen, die auf die Erlösung Jerusalems warteten.
(Lukas 2,36-38)

Wer war Hanna?

Lukas berichtet sehr genau. Hanna stammte aus Aser. Zur Erinnerung – Aser war der achte Sohn von Erzvater Jakob. Asers Mutter war Silpa, die Magd von Lea, also Jakobs Nebenfrau. Der Stamm Aser gehörte zum abgefallenen Nordreich Israel. Man erinnert sich: Im Nordreich Israel gab es eigentlich keinen König, der nach dem Herrn fragte, alle Könige fielen dem Götzendienst anheim. Dazu kamen politische Fehlentscheidungen, indem man meinte, sich auf Nachbarn wie Assyrien, Ägypten und Damaskus verlassen zu können.

Das Nordreich Israel wurde später (722 v. Chr.) von den Assyrern besiegt und nach Assyrien deportiert.

Aser bedeutet also: verloren, verstreut, vergessen. Dass eine Nachkommin Asers, wie also Hanna, hier in Jerusalem lebte, lag daran, dass ihre Vorfahren damals vor den Assyrern über die Grenze nach Juda geflüchtet waren. Ebenso ist es möglich, dass die Familie später aus der Gefangenschaft freikam und in Judäa im Exil lebte.

Jedenfalls ist Hanna aus dem Stamm Aser ein Hinweis darauf, dass bei Gott Trost und Rettung zu finden ist. Auch dieser Stamm geht nicht verloren. Ein Bild dessen, dass Gott gnädig ist, und dass er sich einen gläubigen Überrest bewahrt hat.

Was war ihre Aufgabe?

Hanna war eine Prophetin – es gab im Alten Testament nur fünf Frauen, die als Prophetinnen bezeichnet wurden:

- Mirjam, Moses Schwester
- Debora, im Buch der Richter
- Hulda, in 2. Könige 22, in Verbindung mit dem Propheten Hilkija
- Noadja, die falsche Prophetin in Nehemia 6
- Die Frau des Propheten Jesaja (Jesaja 8), aber nur als »angeheirateter« Titel

In der Heiligen Schrift hatten die Frauen also kein längeres, offizielles Amt als Prophetin inne, anders als die Männer, wie etwa Elia oder Jesaja.

Womöglich hatte sie auch einen Ruf einer begabten Lehrerin für ihre Mitmenschen, wir wissen es nicht genau.

Der Dienst eines Propheten oder einer Prophetin war nicht zwingend nur auf die Zukunft bezogen. Ein Prophet redet grundsätzlich im Auftrag Gottes, und er sagt das, was gerade zu sagen war: im Hier und Jetzt, in der Gegenwart.

Das kann manchmal nur ein Eindruck sein, den ein Prophet oder eine Prophetin vermittelt, manchmal kann es auch Gewissheit sein. Und manchmal sind seine Worte/ihre Worte unüberhörbar!

Hin und wieder nutzt Gott einen Bruder oder eine Schwester, um seine Stimme durch ihn oder durch sie verlauten zu lassen. Das kann eine tröstende oder Mut machende Botschaft sein, manchmal aber auch warnend und zur Ermahnung.

Wie war ihr Familienstand?

Hanna war verheiratet und schon früh Witwe geworden, vielleicht war sie schon mehr als 60 Jahre lang allein: Wenn sie, wie damals üblich, mit 13 Jahren verheiratet worden war, und dann nur sieben Jahre mit ihrem Mann lebte und jetzt 84 Jahre alt war, träfe das zu. Jedenfalls berichtet Lukas das so.

Hanna lebte möglicherweise in Armut, vielleicht war sie angewiesen auf Almosen; oder sie lebte von ihrem restlichen Vermögen.

Übrigens hat der Apostel Paulus den jüngeren Witwen geraten, wieder zu heiraten (1. Timotheus 5,14) – sicher auch mit dem Ziel, die Gemeinden, die ja für die Versorgung der sozial Schwachen zuständig waren, nicht allzu sehr mit den finanziellen Bürden der Witwenversorgung zu belasten.

Was können wir von der alten Prophetin Hanna lernen?

1. Hanna sehnt sich danach, Gott nahe zu sein

Hanna befand sich ständig im Tempel. Was kennzeichnet den Tempel? Es ist der Ort, an dem Gott gegenwärtig ist. Hanna lebte vielleicht dort; es gab im Tempel besondere »Kammern«, davon berichtet Nehemia in Nehemia 13,7-9.

Zwei Senioren, Simeon und Hanna, waren also im Tempel unterwegs, und womöglich kannten sich die beiden ja auch. Vielleicht kannte sie den Simeon als »gerechten und gottesfürchtigen« Mann, wie es in der Schrift beschrieben wird.

Hanna suchte die Nähe Gottes. Welche Auswirkungen mag dies auf ihre Persönlichkeit gehabt haben!

Die Nähe zu Gott beeinflusste ihr Denken

Hanna war anders als der Mainstream. Sie gehörte zum gläubigen Überrest. Man kann sich denken, dass sie den Irrtum und die Heuchelei der Schriftgelehrten und Pharisäer verachtete, ebenso die Geschäftstüchtigkeit der Geldwechsler im Tempel, die auch Jesus einmal hinausgeworfen hat. Nein, ihre Liebe zu Gott war echt, und sie wartete bewusst auf die Erfüllung seiner Verheißungen.

Die Nähe Gottes hat ihre Sinne geschärft.

Hanna hat gelernt, ihre Umwelt mit »Gottes Augen« zu sehen. Sie hat gelernt, die leise Stimme Gottes zu vernehmen. Auch hier können wir von Hanna lernen: Allein in der Nähe Gottes und in der Stille gelingt es uns, uns auf Gottes Führung einzulassen.

2. Hanna ist im Hier und Jetzt verortet

Sicher war das nicht immer so, und vielleicht hat Hanna das auf eine harte Weise lernen müssen. Vielleicht hat sie auch einfach früh die Entscheidung getroffen:

- »Ich will mich von negativen Erfahrungen nicht runterziehen lassen.«
- »Ja, das Leben hat mir nicht die besten Bedingungen bereitgestellt, ich will aber nach vorn gucken.«

Hanna scheint nicht mit der Vergangenheit zu hadern, sicher auch nicht mit der Gegenwart. Sie lebt im Hier und Jetzt, und ihre Sinne sind auf die Zukunft gerichtet. Ja, sie hat ihr ganzes Leben auf das Kommen des Erlösers ausgerichtet. Sie war hoffnungsvoll mit Zukunft beschäftigt: Sie wartete auf die Erlösung Israels und der Welt.

Hanna lebt in der Gegenwart. Daher kommt sie zur rechten Zeit. Sie erkennt hier, in dem kleinen Kind, den Erlöser Jerusalems. Sie erkennt, dass es von nun an anders werden wird. Existenziell anders: eine neue Zeitrechnung! Auf diesen Moment ist sie fokussiert.

Jesus teilt die Menschheit in zwei Teile, in zwei Lager – einerseits die Menschen, die ihm vertrauen und ihm glauben, und andererseits diejenigen, die mit ihm nichts anfangen wollen und ihn ablehnen. Und hier, in dieser kleinen Besuchergruppe, wird das vielleicht schon symbolisiert: Die Gruppe aus Simeon und Hanna auf der einen Seite – und die anderen, die ihn verkennen, auf der anderen Seite.

Aber was bedeutet das für mich und für dich?

Verpasst du etwas, weil du nicht nahe an Gott dran bist? Kriegst du entscheidende Dinge nicht mit? Dann gilt für dich:

- In Gottes Nähe bleiben, sich »im Tempel« aufhalten – das heißt:
- Bibellesen und Gebet zur Gewohnheit machen
- Sich einstellen lassen auf Gottes Nähe, die Frequenz immer neu justieren, ein Sensorium entwickeln für Gottes Reden

Das geht aber nur, wenn du nah dran bist, wenn du still bist und deine eigenen Wünsche mal hinter dir lässt – wenn du Sehnsucht hast nach der Nähe Gottes.

Hanna hatte diese Sehnsucht. Sie soll dir ein Vorbild sein.

3. Hanna war ständig im Dienst

Wenn du frustriert bist oder mit unerfüllten Wünschen leben musst, dann kann deine Wartezeit wie folgt aussehen: Frust → Selbstmitleid → Zorn → Hass → Neid (andere Familien mit Kindern, vermeintliches Glück).

Mutet Gott dir Wartezeiten zu? Will er dir damit was sagen?

Vielleicht hast du schon längere Zeit eine Krankheit, oder dir fehlt ein geeigneter Job, und darunter leidet deine Beziehung zu Gott.

Vielleicht hättest du Grund, dich zu beschweren, zu hassen, dich zurückzuziehen, mit Gott zu hadern. Oder deine Wunden zu lecken ...

- Hanna zeigt, wie es geht, sich von diesen Gefühlen nicht unterkriegen zu lassen. Sie nutzt ihre Ressourcen und dient dem Herrn.
- Hanna lehrt dich, sich nicht abhalten zu lassen, anderen zu dienen.
- Hanna lehrt dich, keiner Situation im Leben die Macht zu geben, dich zu blockieren.
- Hanna ist frei von Bitterkeit, sicher auch bezogen auf ihre Ehelosigkeit.

Hanna ist ein Beispiel dafür, dass man auch als Single nicht im Schmerz untergehen muss. Dies gilt auch für dich, wenn du schon älter geworden bist.

Wenn du Seniorin oder Senior bist, fühlst du dich vielleicht zu schwach für anspruchsvolle Dienste, zum Beispiel in deiner Gemeinde. Predigtdienste, Kindergottesdienst, Gottesdienstleitung. Da fehlt dir die Kraft.

Du musst aber keine Bäume ausreißen. Wo könnte dein Dienst gefragt sein? Hanna dient mit Hingabe! Könnte auch das Gebet ein Dienst sein, den du mit Hingabe tust?

Unser Text spricht davon, dass Hanna mit Fasten und Gebet beschäftigt war. Wenn wir fasten, sollten wir es nicht deshalb tun, um Gott auf subtile Weise zu etwas zwingen zu wollen. Nein, unsere Motivation sollte sein:

- »Ich meine es ernst.«
- »Ich wende mich vom Unwesentlichen ab und konzentriere mich auf das Wesentliche.«
- »Ich ziehe mich zurück von Dingen, die mich ablenken.«
- »Ich esse einmal nichts, um Zeit für Kontemplation zu haben.«

Und auch das Beten gehört dazu. Wir haben es schon angesprochen. Beten heißt nicht, gar nichts zu tun. Indem wir beten, bewegen wir den »Arm Gottes«.

Simeon betete für den »Trost Israels«. Auch Hanna war ständig im Gebet. Grundlage ihrer Gebete waren sicher die Verheißungen des Alten Testamentes, denen sie vertraute. Und die Verheißungen lauteten: Gott wird handeln. Gott handelt durch den Samen Abrahams, durch den alle Welt gesegnet werden soll.

Heute heißt das für dich: Leiste Fürbitte! Der Apostel Paulus empfiehlt immer wieder den Gemeinden:

- Römer 12,12: *»Am Gebet halten wir fest.«*
- Kolosser 4,2: *»Haltet fest am Gebet!«*
- 1. Thessalonicher 5,17: *»Betet ohne Unterlass!«*

Und was passiert durch das Gebet? Wir sehen es bei Hanna: Mitten im Dienst, in ihrem Leben voller Gebet, mitten in ihrem Alltag, in der täglichen Routine, erlebt sie dieses ersehnte Ereignis: Der Erlöser ist da!

Es mutet fast schon etwas ironisch an: die alte Frau, die selbst offenbar keine Kinder hatte, darf hier staunen über dieses verheißene und eingetroffene Kind! Staunen!

Hannas Dienst zeitigt somit folgende Früchte:

- Sie verpasst *nicht* das größte Ereignis der Weltgeschichte.
- Sie sieht, wie Gott Mensch wurde.
- Sie sieht die Rettung Israels.
- Sie sieht die Rettung der Welt.

Vielleicht wartest auch du darauf, dass Gott zu dir spricht, dass er in deinem Alltag Dinge ändert, Dinge zum Guten ändert, auf die du schon lange wartest, die dir viel zu lange schon auf dem Herzen liegen.

Und du wartest. Du wartest vielleicht vergeblich, weil nichts passiert.

Dann mache einfach nur deine Arbeit! Diene Gott in deinem Alltag! Vielleicht ist das der beste Weg, dich abzulenken und auf Gottes Eingreifen zu warten.

Genauso verhielt es sich im Alten Testament bei Gideon. Gideon war damit beschäftigt, ein wenig Getreide vor den räuberischen Midianitern zu retten – und plötzlich trat ein Engel in sein Leben!

4. Hanna war voller Dankbarkeit und pries den Herrn

Hanna lehrt dich, Gott anzubeten, während du wartest. Das ist das Größte, was du lernen kannst, in guten wie in schlechten Zeiten. Das ist schon eine Art Vorbereitung auf die Ewigkeit.

Dein Dienst auf der Erde wird irgendwann beendet sein; nicht aufhören aber wird die Anbetung. Wahrscheinlich ist die Ewigkeit deshalb so lang, weil wir Zeit brauchen, die Größe Gottes gebührend auszudrücken.

In der Offenbarung finden wir immer wieder Beispiele für Anbetung:

- 24 Älteste beten an! (4,10)
- Vier lebendige Wesen sprechen »Amen« und die Ältesten beten an. (5,14)
- Auch die Engel beten an. (7,11)

Bei Hanna beginnt das im Kleinen. Hier im Tempel. Sie entdeckt ein kleines Kind.

Ist das nicht der Sinn von Anbetung? Wie viel Zeit denken wir über Gott nach?

Mache mal folgendes Gedankenexperiment:

- 16 Stunden am Tag denkst du nach über das, was dein Leben hier auf der Erde ausmacht, also Job, Geld, Familie, Aufgaben usw.
- 5 Minuten am Tag denkst du über Gott nach.

Das heißt, die Erde ist für dich und mich etwa 200-mal bedeutsamer als der Himmel! Ehrlich? Kann das sein? Ist das okay, oder müssest du das Verhältnis verändern?

Also weniger auf dich selbst schauen, auf deine Probleme, deine Sorgen, deine Schuld, sondern auf Gott schauen!

5. Hanna redet über Gott

An dieser Stelle kommt jetzt Hannas prophetische Gabe zum Vorschein. Sie und der alte Simeon haben verstanden, dass der Erlöser geboren war. Die beamtete, offizielle Priesterschaft hat nichts begriffen und schweigt. Hanna spricht über göttliche Dinge. Sie beantwortet keine Fragen, die niemand gestellt hat. Das tun wir vielleicht manchmal. Aber Hanna spricht über Dinge, die sie erlebt hat. Das war auch das Motto der ersten Christen in der Apostelgeschichte.

Hanna spricht ständig (so die Bedeutung des Verbs) über Jesus, und zwar zu allen Leuten, die nach dem Erlöser Ausschau hielten. Sie spricht über die Erlösung Israels. Diesen Begriff gibt es exakt so schon in Jesaja 52,9: die Erlösung ihres Volkes. Das war ihre einzige Botschaft für den Rest ihres Lebens. So wie die Schafhirten bei der Geburt des Herrn, die waren auch so begeistert.

Diese bemerkenswerte Seniorin, die wohl so viele Jahre ihres Lebens hauptsächlich damit verbracht hatte, **zu Gott** zu sprechen, wurde nun dafür bekannt, dass sie **mit den Menschen über Christus** sprach.

Als Jesus Christus 30 Jahre später seinen Dienst begann, war Hanna sicher schon im Himmel. Sie hat ihn wohl nur einmal in ihrem Leben, als kleines Baby, gesehen. Das genügte ihr. Sie konnte nicht aufhören, über ihn zu reden.

Auch hier lernen wir von Hanna: Vielleicht bist du auch ergriffen von Jesus und nutzt jede Gelegenheit, mit den Leuten über deinen Glauben zu sprechen.

Vielleicht hast du hier aber auch Ladehemmung. Womöglich gehörst du auch zu den Menschen, denen es schwerfällt, einen richtigen Anknüpfungspunkt zu finden. Das ist nicht verwerflich. Dann bete doch einfach für Menschen, die Gott vorbereitet hat: in deiner Familie, in deinem Umfeld, an deinem Arbeitsplatz, in deiner Siedlung, in deiner Stadt.

Du bist nicht zufällig in deiner Familie, in deinem Freundeskreis, in deiner Straße, an deinem Arbeitsplatz. Gott hat dich dort hingestellt. Gehe mal deine Bekannten durch, denke über sie nach und schau, wie sie leben, wie sie sich äußern, was sie umtreibt, oder was sie belastet. Und dann warte auf eine Gelegenheit: Oft werden Menschen, die gerade in der Krise sind, von Gott vorbereitet:

- Jemand, der aktuell in einer Krankheit steckt.
- Oder jemand, der gerade seinen Job verloren hat.

Wer in deiner Nachbarschaft steckt gerade in einer Beziehungskrise?

Gibt es in deinem Umfeld Eltern, deren Tochter oder Sohn mit Drogen in Kontakt gekommen ist, und es entsteht gerade eine Katastrophe?

Dann ergreife dort deine Chance, auf Jesus hinzuweisen! Vielleicht wissen die Leute ja, dass du ein gläubiger Christ bist, dass du vielleicht eine Kraft schöpfst aus einem Bereich, den sie noch nicht kennen. Bete für einzelne Menschen, durchaus eine längere Zeit, und bitte Gott, dass er dir eine Gelegenheit gibt, über das Evangelium zu reden.

Fazit

Hannas Warten hatte sich gelohnt!

Fünf Dinge, die wir von Hanna lernen können:

- Sehne dich nach Gottes Nähe.
- Bleibe im Hier und Jetzt verortet, und hadere nicht mit deinem Schicksal.
- Bleibe beständig im Dienst.
- Entwickle Dankbarkeit und bete Gott an.
- Rede mit anderen Leuten über das, was du mit Gott erlebst.

Zacharias. Wenn Gott uns das Existenzielle nimmt

*5 In den Tagen des Herodes, des Königs von Judäa,
gab es einen Priester mit Namen Zacharias aus
der Abteilung des Abija; der hatte eine Tochter aus
dem Geschlecht Aarons zur Frau, und ihr Name
war Elisabet. 6 Sie waren beide gerecht vor Gott,
da sie ihren Weg gingen in allen Geboten und
Satzungen des Herrn. 7 Und sie hatten kein Kind,
denn Elisabet war unfruchtbar, und beide waren
schon betagt. 8 Und es geschah, als seine Abteilung
an der Reihe war und er seinen Priesterdienst vor
Gott verrichten sollte, 9 dass er nach dem Brauch der
Priesterschaft durch das Los dazu bestimmt wurde,
das Räucheropfer darzubringen; und er ging in den
Tempel des Herrn hinein, 10 die ganze Volksmenge
aber betete draußen zur Stunde des Räucheropfers.
11 Da erschien ihm ein Engel des Herrn, der stand
auf der rechten Seite des Räucheraltars. 12 Und als
Zacharias ihn sah, erschrak er, und Furcht überfiel
ihn. 13 Der Engel aber sagte zu ihm: Fürchte dich
nicht, Zacharias! Denn dein Gebet ist erhört worden,
und Elisabet, deine Frau, wird dir einen Sohn ge-
bären, und du sollst ihm den Namen Johannes geben.
14 Und Freude und Jubel wird dir zuteil werden, und
viele werden sich freuen über seine Geburt. 15 Denn*

er wird gross sein vor dem Herrn, und Wein und Bier
wird er nicht trinken, und schon im Mutterleib wird
er erfüllt werden von heiligem Geist, 16 und viele von
den Söhnen und Töchtern Israels wird er zurück-
führen zum Herrn, ihrem Gott, 17 und er wird vor ihm
hergehen in Elijas Geist und Kraft, um die Herzen der
Väter zu den Kindern zurückzuführen und Ungehor-
same zur Gesinnung Gerechter, um dem Herrn ein
wohlgerüstetes Volk zu bereiten. 18 Und Zacharias
sagte zu dem Engel: Woran soll ich das erkennen?
Ich selbst bin ja alt, und meine Frau ist schon betagt.
19 Und der Engel antwortete ihm: Ich bin Gabriel, der
vor Gott steht; und ich wurde gesandt, um mit dir zu
reden und dir dies als gute Botschaft zu überbringen.
20 Und jetzt sollst du stumm sein und nicht reden
können bis zu dem Tag, da dies geschieht, weil du
meinen Worten nicht geglaubt hast, die in Erfüllung
gehen werden zu ihrer Zeit. 21 Und das Volk wartete
auf Zacharias, und alle wunderten sich, dass er so
lange im Tempel verweilte. 22 Als er aber heraustrat,
konnte er nicht mit ihnen reden. Und sie merkten,
dass er im Tempel eine Erscheinung gehabt hatte. Er
gab ihnen nur Zeichen und blieb stumm. 23 Und es
geschah, als die Tage seines Priesterdienstes zu Ende
waren, dass er nach Hause zurückkehrte. 24 Nach
diesen Tagen aber wurde Elisabet, seine Frau,
schwanger, und sie zog sich für fünf Monate zurück
und sagte: 25 Dies hat der Herr an mir getan in den
Tagen, als er darauf bedacht war, meine Schmach
unter den Menschen von mir zu nehmen.
(Lukas 1,5-25)

In dieser Geschichte geht es um einen Priester und seine Frau. Beide gehören zu einem der angesehensten Clans Israels:

- Zacharias stammt aus der Linie des Priesters Abija, aus der Priesterschaft in 24 Ordnungen, die einst von David bestimmt wurde.
- Elisabeth stammt direkt von Aaron ab, dem ersten Priester Israels aus der Zeit Moses.

Darüber hinaus waren Zacharias und seine Ehefrau Elisabeth offensichtlich geistlich wache Leute! Sie lebten bewusst vor dem lebendigen Gott (Lukas 1,5-6).

Für uns heißt das: Wenn man schon lange als Christ lebt, kann sich eine gewisse Routine, schlimmstenfalls sogar eine Art von Leblosigkeit einstellen.

Ich denke, diese Gefahr gibt es für jeden Christen:

- dass unser geistliches Leben zur Routine wird,
- dass wir uns in eingefahrenen Gleisen bewegen,
- dass unser Herz immer weniger dabei ist, auch bei der Art und Weise, wie wir etwa die Weihnachtszeit begehen.

Das Einzige, was uns davor bewahren kann, ist die Begegnung mit dem lebendigen Gott!

Zurück zum Text: Zacharias und Elisabeth lebten mit Gott! Das war auch damals für einen Priester nicht selbstverständlich, so wie es heute für uns nicht selbstverständlich ist.

Auch nicht für Pastoren und andere »Geistliche« ist das selbstverständlich.

Auch damals versahen viele Amtsträger diesen Dienst

- nur aus Tradition oder
- weil er Ehre einbrachte oder
- aus Gewohnheit.

Zacharias und Elisabeth aber sind mit dem Herzen dabei. Einen Makel gab es allerdings: Das Paar war kinderlos! Kinderlosigkeit war, anders als heute, im damaligen Judentum ein Makel, fast schon eine Schande oder eine Ungnade Gottes. Damit wurde einem Ehepaar der göttliche Segen aus 1. Mose 1,28 entzogen. Offenbar war das eine echte Prüfung, denn Elisabeth war ja eine gerechte Frau, so beschreibt es Lukas.

Vielleicht haben die beiden diese Demütigung ertragen und sind geistlich daran gewachsen, wir wissen es nicht. Denn dann passiert das Überraschende:

> *»Und es geschah, als seine Abteilung an der Reihe war und er seinen Priesterdienst vor Gott verrichten sollte, dass er nach dem Brauch der Priesterschaft durch das Los dazu bestimmt wurde, das Räucheropfer darzubringen; und er ging in den Tempel des Herrn hinein.« (Verse 8-9)*

Zacharias übte gerade Dienst im Tempel aus. Seine Abteilung war dabei an der Reihe.

Seine Priesterschaft dauerte eine Woche lang in Jerusalem, und er versah den Dienst im Tempel.

Er war per Los dazu bestimmt, das Räucheropfer darzubringen, und zwar in dem »Heiligen«, wo der

Schaubrottisch, der siebenarmige Leuchter und der Räucheraltar standen.

Das alles sind einzelne Geräte oder besser Gegenstände, deren Bau und Funktion Gott seinerzeit schon dem Mose befohlen hatte. Und zwar in Verbindung mit der »Stiftshütte«, die das Volk Israel während der Wüstenwanderung, aber auch noch in der Zeit danach, als Tempel nutzte. Die Stiftshütte war nur vorübergehend geplant und wurde dann von dem endgültigen Tempel abgelöst, den König Salomo in Jerusalem gebaut und eingeweiht hat.

»Die ganze Volksmenge aber betete draussen zur Stunde des Räucheropfers.« (Vers 10)

In der Stunde, in der der Priester vor Gott tritt, fasst er als Repräsentant des Volkes die Gebete aller Gläubigen zusammen und bringt sie vor Gott.

»Da erschien ihm ein Engel des Herrn, der stand auf der rechten Seite des Räucheraltars.« (Vers 11)

Und nun wird Zacharias plötzlich von einem Boten Gottes angesprochen. Das war ja ein Ereignis! Zacharias hatte so etwas noch nie erlebt. Hier steht: Der Engel stand zur *rechten* Seite des Räucheraltars, wir können schlussfolgern: Der Engel kommt tatsächlich in der Vollmacht Gottes!

So ist es ja immer. Schon bei Gideon war das genauso: Wenn wir gerade mitten in der Arbeit sind, geht es los. Wenn ich die Bibel studiere, stelle ich fest, dass Gott sowohl beim Dreschen von Getreide, in der Stille einer Nacht, im Verrichten eines Gottesdienstes, in der Einsamkeit einer Höhle, auf der Höhe eines Berges, oder sogar durch einen störrischen Esel zu Menschen sprach.

Es ist gut, wenn Gott zu uns spricht. Es ist gut, wenn Gott uns beruft. Aber nicht immer ...

- ... erfüllt er das, was wir uns in unseren Herzen so sehnlichst wünschen.
  Es ist gut, dass wir unsere Liebe und Ehrfurcht vor Gott auch dann nicht verlieren, wenn wir in diesem Leben unsere Wünsche nicht erfüllt bekommen.
- ... hören wir seine Stimme so deutlich.
  Es ist nicht gut, wenn wir tatenlos die guten Jahre unseres Lebens verstreichen lassen und nichts tun, nur weil wir meinen, nicht deutlich genug eine Weisung von Gott erhalten zu haben. Da müssen wir manchmal den Verstand einschalten und entscheiden.
  Auch hilft es nicht immer, seinen Gefühlen zu vertrauen, denn Gefühle können trügerisch sein. Oft sind sie abhängig vom Tagesgeschehen und wechselhaft. Auch der Apostel Paulus handelte nach geistlicher Zweckmäßigkeit, also rational. Offenbar konnte er auch denken und entscheiden.

»Und als Zacharias ihn sah, erschrak er, und Furcht überfiel ihn.« (Vers 12)

Wenn die unsichtbare Welt in deinen Alltag tritt, entsteht Erschrecken und dann auch Furcht.

> *»Der Engel aber sagte zu ihm: Fürchte dich nicht, Zacharias! Denn dein Gebet ist erhört worden, und Elisabet, deine Frau, wird dir einen Sohn gebären, und du sollst ihm den Namen Johannes geben.«*
> *(Vers 13)*

Gott hat die Gebete des älteren Paares nicht vergessen. Ist das nicht tröstlich?

Und dann klärt der Bote Gottes ihn auf: Der versprochene Sohn wird eine historische Aufgabe übernehmen und den Messias ankündigen! Auch seinen Namen hat Gott schon festgelegt, er wird »Johannes« heißen, der als Vorläufer Jesu die Menschen auf die Ankunft des Messias vorbereiten sollte. Johannes heißt auf Deutsch etwa: »Gott ist gnädig«. Das ist ein passender Name für einen Mann, der einmal Jesus als den bedeutenden Retter ankündigen wird.

> *»Denn er wird gross sein vor dem Herrn,*
> *und Wein und Bier wird er nicht trinken,*
> *und schon im Mutterleib wird er erfüllt werden*
> *von heiligem Geist.« (Vers 15)*

Johannes wird ein Nasiräer sein, ein besonders geweihter Mann mit besonderen Aufgaben.

Der künftige Vater kann es kaum glauben und reagiert typisch menschlich:

> *»Und Zacharias sagte zu dem Engel: Woran soll ich das erkennen?* **Ich selbst bin ja alt,** *und meine Frau ist schon betagt.« (Vers 18; Hervorhebung durch den Autor)*

> *»Und der Engel antwortete ihm:* **Ich bin Gabriel,** *der vor Gott steht; und ich wurde gesandt, um mit dir zu reden und dir dies als gute Botschaft zu überbringen.« (Vers 19; Hervorhebung durch den Autor)*

Mit dieser Reaktion offenbart Zacharias, dass er der Verheißung nicht glauben konnte. Zacharias' Problem war es, dass ihm das, was er sah und hörte, nicht ausreichte. Er wollte mehr. Er wollte Beweise. Gideon wollte auch Beweise sehen, später auch der König Hiskia.

Aber zu viele Beweise zu fordern, kann in der Tat ein gefährliches Spiel werden. Denn das Motiv dahinter ist vielfach die Absicherung. Absicherung als ein Weg, nicht »blind« vertrauen zu müssen.

Sprachlich interessant ist auch die Inversion in dieser Szene:

> **»Ich bin** *doch ein alter Mann«*, wendet Zacharias ein, und offenbart hier menschliche Schwäche.
> **»Ich bin** *Gabriel«, entgegnet der Engel, und offenbart damit geistliche Stärke.*

Und Gott reagiert mit einem ersten Hinweis auf seine Macht: Sofort muss der Priester verstummen:

> *»Und jetzt sollst du stumm sein und nicht reden können bis zu dem Tag, da dies geschieht, weil du*

meinen Worten nicht geglaubt hast, die in Erfüllung gehen werden zu ihrer Zeit.« (Vers 20)

Diese Ankündigung hat auch eine heilsgeschichtliche Seite. Dort, wo der Prediger in der Wüste den Messias ankündigt und auf den Retter hinweist, da muss das alttestamentliche Gesetz, für das der Priester steht, verstummen.

Was aber für Zacharias ein echtes Problem wird: Ihm ist das Existenzielle weggebrochen. Das Identitätsstiftende. Wenn er nicht mehr den Lobgesang anstimmen kann, okay, damit kann er vielleicht leben; aber das Sprechen, das ist doch das Wesentliche für die Ausübung seines Berufes.

Aber auch für uns hat das eine Bedeutung. Wenn Gott dir etwas wegnimmt, was dir wirklich wichtig ist, was machst du dann? Etwas, worüber du dich bisher definiert hast, oder was deinen Beruf ausmacht. Stell dir vor:

- der Lehrer mit Sprachfindungsproblemen,
- der Bäckermeister mit der Mehlstauballergie,
- der Klavierspieler mit Arthritis in den Fingern,
- der Uhrmacher mit Netzhautablösung.

Es erfordert viel Trost, Vertrauen, Glaubensstärke, damit umzugehen. Dies auszuhalten. Den Glauben nicht zu verlieren. Wenn dir das je passiert, wünsche ich dir viel Vertrauen. **Denn Gott schenkt vielleicht mehr als er dir nimmt.**

Zacharias wird der Vater eines der bedeutendsten Männer seiner Zeit, der den Übergang vom Alten zum

Neuen Testament darstellt. Ähnliches haben wir schon bei Hanna im 1. Buch Samuel gesehen. Sie war lange unfruchtbar, aber dann wurde sie durch die Verheißung Gottes zur Mutter eines der größten Propheten in der Zeit der Könige.

Auf jeden Fall wird Zacharias stumm, bevor ihm noch weitere Bekenntnisse des Unglaubens entschlüpfen können. Gott verschließt ihm den Mund, damit er sich nicht noch weiter um Kopf und Kragen reden kann ... Was muss das für einen Priester bedeutet haben! Als er aus dem Tempel herauskommt, kann Zacharias kein Segenswort sprechen und den verwunderten Pilgern nur zuwinken:

> *»Als er aber heraustrat, konnte er nicht mit ihnen reden. Und sie merkten, dass er im Tempel eine Erscheinung gehabt hatte. Er gab ihnen nur Zeichen und blieb stumm.«* (Vers 22)

Und Elisabeth erlebte wirklich eine Schwangerschaft. In ihrer Umgebung muss das eine Sensation gewesen sein.

Und noch ein Happy-End: Es geschah nämlich bei der Beschneidung, acht Tage nach der Geburt, da bekam Zacharias auch endlich wieder seine Stimme zurück.

Und was macht er als Erstes mit seiner wiedergekehrten Stimme? Er stimmt ein Loblied an! (Ab Vers 67.)

Fazit

Das fromme Leben der beiden war nicht vergeblich, sondern wurde von Gott endlich belohnt. Zacharias konnte dankbar sein. Obwohl Gott ihm eine lange Zeit seine Stimme genommen hatte, hat er ihm am Ende mehr zurückgegeben, als Zacharias sich vorstellen konnte. Auch Elisabeth, die sicher eine lange Zeit innerlich zu kämpfen hatte, wurde getröstet. Gott hat die beiden nicht vergessen. Johannes würde viele Menschen zu Gott bekehren. Gott schenkte Elisabeth einen Sohn, der für den Herrn sein Leben opfern würde.

In der Offenbarung 20,4 steht, was Gott für uns am Ende der Welt tun wird: »Gott wird abwischen alle Tränen von ihren Augen.« Gott weiß alles, was wir jeden Tag erleben. Er hat die beiden Alten nicht vergessen. Und er wird auch uns nicht vergessen.

Maria.
Sich einlassen auf Gottes Führung

26 *Im sechsten Monat aber wurde der Engel Gabriel*
von Gott in eine Stadt in Galiläa mit Namen Nazaret
gesandt, 27 *zu einer Jungfrau, die verlobt war mit*
einem Mann aus dem Hause David mit Namen Josef,
und der Name der Jungfrau war Maria. 28 *Und er trat*
bei ihr ein und sprach: Sei gegrüßt, du Begnadete,
der Herr ist mit dir! 29 *Sie aber erschrak über dieses*
Wort und sann darüber nach, was dieser Gruß wohl
zu bedeuten habe. 30 *Und der Engel sagte zu ihr:*
Fürchte dich nicht, Maria, denn du hast Gnade ge-
funden bei Gott: 31 *Du wirst schwanger werden und*
einen Sohn gebären, und du sollst ihm den Namen
Jesus geben. 32 *Dieser wird gross sein und Sohn des*
Höchsten genannt werden, und Gott, der Herr, wird
ihm den Thron seines Vaters David geben, 33 *und er*
wird König sein über das Haus Jakob in Ewigkeit,
und seine Herrschaft wird kein Ende haben. 34 *Da*
sagte Maria zu dem Engel: Wie soll das geschehen,
da ich doch von keinem Mann weiß? 35 *Und der*
Engel antwortete ihr: Heiliger Geist wird über dich
kommen, und Kraft des Höchsten wird dich über-
schatten. Darum wird auch das Heilige, das gezeugt
wird, Sohn Gottes genannt werden. 36 *Schau auf*
Elisabet, deine Verwandte, auch sie hat einen Sohn

empfangen in ihrem Alter; und dies ist der sechste Monat für sie, die doch als unfruchtbar galt. 37 *Denn bei Gott ist kein Ding unmöglich.* 38 *Da sagte Maria: Ja, ich bin des Herrn Magd; mir geschehe, wie du gesagt hast! Und der Engel verließ sie. (Lukas 1,26-38)*

Von allen außergewöhnlichen Frauen in der Bibel ragt eine nachdrücklich hervor: Maria war von Gott besonders gesegnet. Indem sie auserwählt war, den Messias zu gebären, genießt sie allenthalben Bewunderung, besonders in der römisch-katholischen Kirche. Maria war wirklich bemerkenswert. Sie selbst sagte sogar einmal, dass alle Generationen anerkennen würden, wie sehr sie von Gott gesegnet wurde (Lukas 1,48). Nicht weil sie glaubte, besondere Verdienste erworben zu haben, sondern einfach deshalb, weil Gott sie zu einem ganz besonderen »Werkzeug« ausersehen hatte.

Die Vorfahren der Maria waren durchaus besondere Leute. Lukas liefert uns ihren detaillierten Stammbaum (Lukas 3,23-38), und bei Matthäus finden wir den von Josef (Matthäus 1,1-16). Sowohl Josef als auch Maria stammten von David ab. Vor David hatten sie somit denselben Stammbaum. Marias Zweig von Davids Familienstammbaum kann durch Davids Sohn Nathan nachgezeichnet werden, während Josefs Zweig der königlichen Linie durch Salomo entspricht.

Wir begegnen Maria zum ersten Mal im Lukasevangelium bei der Gelegenheit, als ihr plötzlich – ohne roten Teppich und ohne Fanfare – ein Erzengel erscheint, der ihr Gottes außerordentlichen Plan enthüllt. Lukas berichtet einfach und kurz:

»Gott sandte den Engel Gabriel zu einer unverheirateten jungen Frau, die in Nazaret, einer Stadt in Galiläa, wohnte. Sie hieß Maria und war mit Josef, einem Mann aus dem Haus Davids, verlobt; Maria war noch unberührt.« (Lukas 1,26-27)

Der Name »Maria« ist das Gegenstück zum hebräischen Namen »Mirjam«. Der Name könnte von dem hebräischen Wort für »bitter« abgeleitet sein. Vielleicht war Maria schon von Kindheit an mit bitteren Entbehrungen angefüllt gewesen. Ihre Heimatstadt war ein unbedeutendes Dorf in einem von Armut geprägten Gebiet von Galiläa. Wirklich an einem abgelegenen Zipfel der Welt. Dann muss man bedenken, dass Frauen zu dieser Zeit wenig Rechte besaßen. Außerdem das Alter: Zum Zeitpunkt der Verkündigung war Maria wahrscheinlich noch unter zwanzig Jahre alt. In diesem Kulturkreis war es üblich, Mädchen teilweise schon mit dreizehn Jahren zu verloben. Hochzeiten wurden normalerweise vom Bräutigam oder von dessen Eltern mit dem Vater des Mädchens ausgemacht. Wahrscheinlich haben die Eltern im Dorf den Mann ausgesucht, der ihnen passend schien, der von Beruf Zimmermann (Markus 6,3) und immerhin ein gerechter Mann gewesen war (Matthäus 1,19).

Lukas nennt sie zweimal eine Jungfrau (1,27). Aber sie sagt ja auch von sich selbst, dass sie zuvor keinen Sex mit Josef hatte. Ihre Beziehung zu Josef war eine legale Verlobung, bekannt als kiddushin (Eheversprechen), die in dieser Kultur typischerweise ein Jahr lang dauerte.

Kiddushin war in rechtlicher Hinsicht ebenso bindend wie die Ehe selbst. Das Paar wurde für Mann und Frau gehalten, und nur eine rechtmäßige Scheidung konnte den Ehevertrag auflösen (Matthäus 1,19). Doch während dieser Zeit lebte das Paar getrennt voneinander, und beide waren körperlich nicht zusammen. Geschlechtsverkehr hatte also noch nicht stattgefunden, überhaupt hatten die beiden wenig Kontakt zueinander. Eine echte Erprobungszeit. Einer der Hauptpunkte der kiddushin war es ja auch, die Treue beider Partner unter Beweis zu stellen.

In der Bibel wird so manche Frau beschrieben, die sich danach sehnte, den Erlöser Israels zur Welt zu bringen. Aber dieses Privileg wurde nur der Maria zuteil. Das alles war für Maria sicher nicht unproblematisch, denn es beinhaltete das Stigma einer außerehelichen Schwangerschaft. Sogar Josef nahm das Schlimmste an. Wir können uns gut vorstellen, welche Panik ihn ergriffen haben mag, als er erfuhr, dass Maria schwanger war; und ihm war ja bewusst, dass er nicht der Vater war. Daher tendierte er auch anfangs dazu, sich in aller Stille von ihr zu trennen. Andererseits aber war er ein gerechter Mann und liebte sie; deshalb, so sagt der Text, wollte er kein öffentliches Aufheben darum machen.

Man muss verstehen, dass die Nachricht von ihrer Schwangerschaft ihn so traumatisiert hatte, dass er anfangs keine andere Möglichkeit sah, als sich von ihr zu trennen. Der Text berichtet aber, dass ihm im Traum ein Engel erschien und ihn beruhigte:

»Josef, Sohn Davids, fürchte dich nicht, Maria, deine Frau, zu dir zu nehmen, denn was sie empfangen hat, ist vom heiligen Geist.« (Matthäus 1,20)

Wahrscheinlich sah Maria all diese Schwierigkeiten schon voraus, als der Engel ihr die erhabene Botschaft übermittelte. Ihr erster Impuls wird sicher gewesen sein: »Träume ich, oder ist das jetzt wirklich passiert? Ich bin also wirklich schwanger? Und das ohne Mann? Was wird mein guter Josef dazu sagen? Und im Dorf? Wie wird man über mich reden? Das wird ein Skandal!

Maria muss ihre prekäre Lage vorausgesehen haben. Könnte sie doch nur mit jemandem darüber reden ... Immerhin gab es ja noch die Verwandte Elisabeth, so ganz allein war sie ja nicht.

Auf der anderen Seite erkannte sie sicher schon bald das enorme Privileg, die Mutter des Messias zu werden, denn sie lieferte sich Gottes Plan bedingungslos aus und sagte schlicht:

»Ja, ich bin des Herrn Magd; mir geschehe, wie du gesagt hast!« (Lukas 1,38)

Ist das nicht erhaben? Wir können das kaum nachvollziehen. Auch wenn ihr spontan viel durch den Kopf gegangen sein mag; ihre Reaktion gegenüber dem Engel zeugt doch von einem ungewöhnlich reifen Glauben, verbunden mit der Fähigkeit zu tiefer Anbetung.

Maria sprach dann bei ihrem Besuch bei Elisabeth auch ihre eigenen prophetischen Worte, die wir heute als das *Magnifikat* (so beginnt im Lateinischen Marias folgender Lobpreis) gut kennen:

> *Und Maria sprach: Meine Seele erhebt den Herrn,*
> 47 *und mein Geist jubelt über Gott, meinen Retter,*
> 48 *denn hingesehen hat er auf die Niedrigkeit*
> *seiner Magd. Siehe, von nun an werden mich*
> *seligpreisen alle Geschlechter,* 49 *denn Grosses*
> *hat der Mächtige an mir getan. Und heilig ist*
> *sein Name,* 50 *und seine Barmherzigkeit gilt von*
> *Geschlecht zu Geschlecht denen, die ihn fürchten.*
> 51 *Gewaltiges hat er vollbracht mit seinem Arm,*
> *zerstreut hat er, die hochmütig sind in ihrem*
> *Herzen,* 52 *Mächtige hat er vom Thron gestürzt*
> *und Niedrige erhöht,* 53 *Hungrige hat er gesättigt*
> *mit Gutem und Reiche leer ausgehen lassen.*
> 54 *Er hat sich Israels, seines Knechtes, an-*
> *genommen und seiner Barmherzigkeit gedacht,*
> 55 *wie er es unseren Vätern versprochen hat,*
> *Abraham und seinen Nachkommen in Ewigkeit.*
> (Lukas 1,46-55)

Tatsächlich ist dies eine Hymne auf die Menschwerdung Gottes. Ein Lied über die unaussprechliche Freude. Vielleicht ist dieses Loblied sogar der großartigste Anbetungspsalm des Neuen Testaments, angefüllt mit messianischer Hoffnung, schriftgemäßer Sprache und Verweisen auf den abrahamitischen Bund.

Solche Sätze waren auch damals für ein junges Mädchen sicher ganz untypisch. Man staunt aber, dass ihre Gedanken und Gefühle bereits stark von Gottes Geist inspiriert gewesen sind.

In Marias Lobpreis finden sich nicht nur Teile von Hannas Gebeten wieder (1. Samuel 1,11; 2,1-10), sondern auch weitere Anspielungen auf das Gesetz, die Psalmen und die Propheten.

Ihr Lied handelt einzig und allein von Gottes Größe, seiner Herrlichkeit, der Stärke seines Armes und seiner generationenübergreifenden Treue. Marias Anbetung kam eindeutig von Herzen.

In jüdischen Gebeten war es üblich, Gottes frühere Treue seinem Volk gegenüber zu erwähnen (2. Mose 15; Richter 5; Psalm 68; 78; 104; 105; 114; 135; 136; 145; Habakuk 3).

Im selben Stil formulierte Maria hier auch, vielleicht etwas kürzer und griffiger. Sie erinnerte sich daran, wie Gott Israel zur Hilfe gekommen war und seine Verheißungen erfüllt hatte. **Und das Beste: Jetzt sollte ihr eigenes Kind die lebende Erfüllung der Heilsverheißung Gottes sein!** Kein Wunder, dass Marias Herz voll Lob und Dankbarkeit war.

Der bekannte Theologe Dietrich Bonhoeffer sagte im Advent 1933 dazu:

> *»Es ist zugleich das leidenschaftlichste, wildeste, ja man möchte fast sagen revolutionärste Adventslied, das je gesungen worden ist. Es ist nicht die sanfte, zärtliche, verträumte Maria, wie wir sie auf Bildern sehen, sondern es ist die leidenschaftliche, hingerissene, stolze, begeisterte Maria, die hier spricht.«*[1]

1 Predigten, Auslegungen, Meditationen Band 1; S. 409–415.

Aber was bedeutet Maria und ihr Erleben für uns? Sicher ist sie für uns ein gutes Beispiel.

1. Von Maria lernen wir erst einmal das Staunen

Maria offenbart hier ein Staunen, das aus der Verunsicherung erwächst. Und aus diesem Staunen heraus folgt die Hingabe an Gottes Willen.

In Marias Lied haben wir erkannt: Der Gott Israels hat Jahrhunderte alte Geschichte geschrieben. Er ist ewig und zeitlich. Und wenn man ihn kennengelernt hat, gibt es nur eine einzige Konsequenz: Dass man sich ihm bedingungslos unterwirft.

Wie war das bei dir? Welche Geschichte hast du mit Gott erlebt? Was bedeutet er für dich?

Denk einmal nach: Wenn Gott dich gemacht hat, die Welt und auch dich, und wenn er dich kennt und erlöst hat – dann gibt es nur eine Konsequenz: Dann gibst du ihm dein Leben hin!

> *»Wer Gott fürchtet, muss vor nichts und niemandem mehr Angst haben …«*, so heißt es in Psalm 118.

Maria kann befreit sein von allen Ängsten und Sorgen, die sie belasten könnten:

- Wie reagieren die anderen?
- Was werden die sagen?
- Was werden die mit mir machen?
- Werde ich das überhaupt überleben?

Ihr Vertrauen auf Gott ist stärker als die Angst vor den Umständen. Ihr Vertrauen ist größer als ihre Scham, auch wenn sie dafür niemals einen Grund haben musste.

Ach ja, man wird über sie reden, man wird verschämt die Augen niederschlagen, wenn sie kommt. Man wird sich fremdschämen ... Und trotzdem ist ihre Sorge nachrangig gegenüber der Ehre und der Verpflichtung, ihrem Gott zu gehorchen. Alles für ihren Gott zu tun.

Mit ihrer Hingabe wird Maria zu einem bedeutenden Teil der Geschichte Gottes mit seinem Volk.

> »*Von nun an werden mich seligpreisen alle Geschlechter.*« (Lukas 1,48)

Dies haben auch andere Menschen erlebt, die Gott vertrauten. Die ihm folgen und zu besonderen Aufgaben berufen werden. Aufgaben, die für andere Menschen eher Niedrigkeit oder Unehre bedeuten.

Das Vertrauen auf Gott hilft Maria, ihre Schwierigkeiten zu überwinden. Ihr Gehorsam und ihre Hingabe machen sie fähig, über ihre persönliche Situation hinauszublicken, nach vorne zu schauen.

Das ist das, was wir von ihr lernen können: Hingabe als natürliche Reaktion auf das, was Gott für uns getan hat. Denn Gott ist größer als all das, was wir uns vorstellen können.

Das hat Maria erlebt: Gott ist größer als ihr Körper, ihre Würde, ihr Ansehen, größer als die Liebe ihres Verlobten, und ihre Zukunft.

Hast du dir selbst einmal die Frage gestellt, wie du reagieren würdest, wenn Gott dir einen Auftrag gibt? Vielleicht in der Familie, in deinem Job oder in der Gemeinde, egal ob es ein einfacher oder ein gewaltiger Auftrag sein mag – Gott wird dich erheben über alle Ängste und Vorbehalte, und er wird dich dazu führen, Gott anzubeten mit deinen Lippen und mit deinem Leben.

2. Und wir lernen ein Zweites: Staunen über Gott und ihn anbeten

Gerade haben wir gesehen, dass Marias Staunen zur Hingabe führt. Maria staunt auch darüber, dass Gott so anders ist. Nicht weil er groß und mächtig ist, ja, das auch; aber ebenso, weil er Israel erwählt hat, ein so unbedeutendes Land. Hier entdeckt Maria eine andere Seite von Gott. Ihr Lobpreis ist überschwänglich.

In der Bibel lesen wir von zahlreichen Glaubensvorbildern, die berufen worden sind, obwohl (oder weil?) sie sich so unbedeutend fühlten: Mose, Gideon, David, Samuel. Denken wir an die Berufung des kleinen Samuel, der dreimal bei seinem geistlichen Ziehvater und Ausbilder, dem Priester Eli, nachfragen musste (1. Samuel 3). In ihrer Anbetung hat Maria keinen Raum für Selbstmitleid.

Kann ich das nachahmen? Das Lob Gottes lenkt meinen Blick weg von mir, hin zu dem, der größer ist als meine Sorgen, meine Furcht, meine Verzweiflung, meine Depression. Und das ist der Auftrag, den wir Christen als Seelsorger gegenüber anderen Menschen erfüllen müssen: Dafür Sorge tragen, dass Menschen abgelenkt werden von ihrem eigenen Mitleid, hin zu dem, der größer ist als ihre Not.

Vielleicht kannst du wie Maria selbst einstimmen in dieses Lob:

> *»Mein Geist jubelt über Gott, meinen Retter.«*
> *(Lukas 1,47)*

Kannst du Gott immer noch anbeten, auch wenn es keine Veränderung in deinem Leben gibt, auch wenn sich deine Herzensanliegen immer noch nicht erfüllt haben? Denn eines steht ja fest:

- Maria ist noch immer eine unbedeutende junge Frau, an einem unbedeutenden Ort.
- Ihr Land ist immer noch beherrscht von den Römern.
- Nach wie vor gibt es Reiche, die auf Kosten der Armen leben.
- Und sie ist immer noch schwanger, und zwar unehelich.
- Und immer noch hängt ihr der schlechte Ruf an, wie ein übler Makel.

Und trotzdem betet Maria weiter und glaubt dem, der Veränderung schafft. Wie heißt es in ihrem Lobpreis:

> *»Gewaltiges hat er vollbracht mit seinem Arm.«*
> (Lukas 1,51)

Dass Gott menschliche Maßstäbe verändert, ist der Trost für alle Unterdrückten. Er kann die Hohen von ihrem

Thron stürzen, die Schwachen aber erhöhen und aufbauen. Die Schwachen können darin Trost finden. Maria erfährt, dass Gott oft unverständliche Wege geht. Aber Gott richtet sich nicht nach der Meinung der Menschen.

Manchmal wundern wir uns über Gott, der auf eine Weise handelt, die uns in unserer gewohnten Frömmigkeit aufschrecken lässt. Gott handelt dann ungewohnt, gegen unsere Natur. Und manchmal für uns nicht berechenbar.

Wir lesen bei Bonhoeffer in *Das Wunder aller Wunder:*

Gott geht wunderbare Wege mit den Menschen, er richtet sich nicht nach der Meinung und Ansicht der Menschen. Gott geht nicht den Weg, den die Menschen ihm vorschreiben wollen, sondern sein Weg ist über alles Begreifen, über alles Beweisen frei und eigenwillig. Wo der Verstand sich entrüstet, wo unsere Natur sich auflehnt, wo unsere Frömmigkeit sich ängstlich fernhält, dort, gerade dort liebt es Gott, zu sein. Dort verwirrt er den Verstand der Verständigen, dort ärgert er unsere Natur, unsere Frömmigkeit – dort will er sein und keiner kann's ihm verwehren – und nur die Demütigen glauben ihm und freuen sich, dass Gott so frei und so herrlich ist, dass er Wunder tut, wo der Mensch verzagt, dass er herrlich macht, was gering und niedrig ist. Und das ist das Wunder aller Wunder, dass Gott das Niedrige liebt. … Gott schämt sich der Niedrigkeit des Menschen nicht, er geht mitten hinein, er wählt einen Menschen zu seinem Werkzeug und tut seine Wunder dort, wo man sie am wenigsten erwartet.

Gott ist nahe der Niedrigkeit, er liebt das Verlorene, das Unbeachtete, Unansehnliche, das Ausgestoßene, das Schwache und Zerbrochene; wo die Menschen sagen: »verloren«, da sagt er: »gefunden«; wo die Menschen sagen »gerichtet«, da sagt er »gerettet«; wo die Menschen sagen: Nein!, da sagt er: Ja![2]

Was lernen wir von Maria?

- Wo Menschen dich abschreiben, hat er einen Plan.
- Wenn du meinst, Gott müsste sich für dich fremdschämen, weil du von ihm entfernt bist oder eigene Wege gehst, da will er dir nahe sein.
- Denke daran, dass Gott nie die Kontrolle über dein Leben verliert.
- Er will mitten in dein Leben kommen, in deine Arbeit, in deine Schule, in deine Krankheit.
- Er will dein Herz, dein Wollen und dein Tun bestimmen.

Gott – er ist der Herrscher der Welt und des Lebens. Das ist die Botschaft. Das ist Advent. Das ist warten. Niemand weiß besser als Maria, was es heißt, auf den Herrn zu warten. Sie wartet als Mutter. Aber sie versteht auch, dass sie einen Erlöser braucht.

Die römisch-katholische Kirche spricht von »unbefleckter Empfängnis«, aber bei allem Respekt entspricht das nicht der Wahrheit. Denn nicht ihr, der Maria, gebührt die Verehrung, sondern ihrem Sohn: Jesus! Nur Jesus ist die Quelle der Gnade.

2 London 1933–1935, DBW Band 13, Seite 339f.

Jesus selbst, als er älter war, hebt seine Mutter Maria keineswegs in einen göttlichen Status! Es gibt einige wenige Stellen in den Evangelien, wo Jesu Mutter erwähnt wird. Zum Beispiel die Hochzeit zu Kana in Johannes 2. »Was habe ich mit dir zu schaffen, Frau?«, sagt er barsch. Oder in Markus 3, wo Jesu Mutter und seine Brüder ihn suchen. Da macht er klar, dass seine wahren Verwandten diejenigen sind, die den Willen Gottes tun. Er ist respektvoll, macht aber immer klar, dass seine irdischen Beziehungen ihn nicht daran hindern dürfen, seinen göttlichen Auftrag zu erfüllen. Der Vater im Himmel ist wichtiger als die irdischen Eltern.

Maria befand sich in einer einzigartigen Doppelrolle. Als Mutter hat sie sich um seine irdischen Bedürfnisse gekümmert, aber im ewigen Sinne war ihr Sohn ihr Erlöser und Erhalter. Daher sagt sie auch: »Mein Retter!«

Und dann erleben wir die göttliche Ironie: Am Ende ihres Wartens bringt sie den auf die Welt, der sie geschaffen hat: Jesus Christus, Gottes Sohn, den Schöpfer aller Dinge.

So steht es im Prolog des Johannesevangeliums (Kapitel 1,3) von dem Mensch gewordenen Wort, dem Logos:

> *»Alles ist durch ihn geworden, und ohne ihn ist auch nicht eines geworden, das geworden ist.«*

Dies darf uns immer wieder ins Staunen versetzen: Staunen im Advent! Staunen darüber, dass Gott dieses schlichte Mädchen auserwählt hat. Begreifen können wir das nicht – wahrscheinlich gibt es keine bemerkenswertere Frau in der Bibel als Maria.

Lass dich ansprechen wie Maria! Lass dich inspirieren vom Wort Gottes, von Jesus selbst. Er drängt sich nicht auf. Er wünscht sich aber, dass du ihn erwartest und ihn einlädst in dein Leben.

Dann wird das Lied der Maria dein Lied sein!

Josef.
Nur eine Randfigur?

18 Mit der Geburt Jesu Christi aber verhielt es sich
so: Maria, seine Mutter, war mit Josef verlobt. Noch
bevor sie zusammengekommen waren, zeigte es sich,
dass sie schwanger war vom heiligen Geist. 19 Josef,
ihr Mann, der gerecht war und sie nicht bloß-
stellen wollte, erwog, sie in aller Stille zu entlassen.
20 Während er noch darüber nachdachte, da erschien
ihm ein Engel des Herrn im Traum und sprach: Josef,
Sohn Davids, fürchte dich nicht, Maria, deine Frau,
zu dir zu nehmen, denn was sie empfangen hat, ist
vom heiligen Geist. 21 Sie wird einen Sohn gebären,
und du sollst ihm den Namen Jesus geben, denn
er wird sein Volk von ihren Sünden retten. 22 Dies
alles ist geschehen, damit in Erfüllung gehe, was der
Herr durch den Propheten gesagt hat: 23 Siehe, die
Jungfrau wird schwanger werden und einen Sohn
gebären, und man wird ihm den Namen Immanuel
geben. Das heißt: ›Gott mit uns‹. 24 Als Josef vom
Schlaf erwachte, tat er, wie der Engel des Herrn ihm
befohlen hatte, und nahm seine Frau zu sich. 25 Er
erkannte sie aber nicht, bis sie einen Sohn geboren
hatte; und er gab ihm den Namen Jesus. (Matthäus
1,18-25)

Wenn wir eine klassische Weihnachtskrippe betrachten, fallen immer wieder die bekannten Stars ins Auge: Der herrliche Engel, der den Frieden verkündet. Die braven Hirten, die mit ihren Schafen den Stall umringen und ein eigenes Lagerfeuer bekommen. Die junge Maria mit dem winzigen Jesuskind, ganz fein und heilig im Futtertrog, hockt unter einer schönen Laterne, die den Stall erleuchtet. Die prachtvollen Magier mit ihren Geschenken. Schließlich die beiden berühmten Nutztiere Ochs und Esel, die im Hintergrund freundlich gucken. Jede Figur mit einer eigenen Geschichte.

Aber einer fehlt: Josef. Und wenn man ihn dann doch noch entdeckt, wirkt er immer etwas ältlich, ein wenig überrascht von der Geburt Jesu, ansonsten unbeteiligt, gänzlich im Hintergrund, nicht viel charakterstärker als Ochs und Esel. Zu ihm fällt uns nicht viel ein. Ein Mann ohne Eigenschaften. Ein Statist unter vielen Stars.

Woher kommt dieser emotionslose Eindruck, den wir von Josef haben?

Vielleicht liegt es daran, dass wir die Weihnachtsgeschichte immer nur aus dem Lukasevangelium hören. Und dort stehen die Frauen im Vordergrund. Da geht es um Elisabeth, Maria, um den Austausch der beiden, um Schwangerschaften usw. Auch von der alten »Prophetin« Hanna wird in diesem Evangelium erzählt.

Aber das ist nicht ganz fair. Wir brauchen auch die Männer. Das notwendige Gegenstück aus männlicher Sicht steht nämlich im Evangelium nach Matthäus. Es fängt mit einer Ahnenreihe von Abraham an, die über König David schließlich zu unserem Josef aus Nazareth führt.

Nebenbei bemerkt ist das heilsgeschichtlich sehr wichtig: Jesus gehört über seinen (Adoptiv)-Vater Josef zu den Nachkommen Davids, auf dem die Messias-Verheißung Israels ruht. Der Messias, also der Herrscher Israels, soll den Thron Davids erben (Jesaja 9,6; Jeremia 33,15-17; Psalm 132,11). Josef musste also ein Nachkomme Davids sein, also von König David abstammen. Er muss zusätzlich aus der Königslinie stammen, also von den Nachkommen Davids, die über dessen Sohn, König Salomo, den Königsthron jeweils an den nächsten Sohn weitergegeben hatten. Dabei ging es nur um Söhne, denn nur über männliche Nachkommen wurde der Thron vererbt.

Daher das aufwendige Geschlechtsregister im ersten Kapitel von Matthäus. Und hier wird Josef als Hauptdarsteller eingeführt. Und nach und nach erfährt man, dass er eine gewaltige Rolle spielt und sich zu einer Hauptperson im Weihnachtsgeschehen entwickeln würde.

Im Bibeltext liest man, dass Josef schon gleich als entehrter Mann die Bühne betritt – seine Verlobte ist schwanger, und das offensichtlich nicht von ihm. In Vers 19 lesen wir, dass er ein Mann aufrechter Gesinnung war. Das ist schon mal was. In anderen Übersetzungen heißt es »fromm«. Offenbar war das einer seiner Charakterzüge. Und so reagierte er dann auch, als er von der Schwangerschaft seiner Verlobten erfuhr.

Verlobung – im Abschnitt über Maria ist das Thema »Verlobung im damaligen Israel« schon einmal angeklungen: eine einjährige Erprobungszeit für Mann und

Frau, mit Kontaktbeschränkung und somit auch Enthaltsamkeit. Dennoch war diese Verlobungszeit, in Israel *Kidduschin* genannt, eine rechtlich bindende Zeit, verbunden mit einem Eheversprechen.

Und jetzt erfährt Josef, dass seine Verlobte schwanger ist. Da muss man sich mal in Josef hineinversetzen, was das für ihn bedeutet. Wahrscheinlich bricht eine Welt für ihn zusammen. Er war fromm und akzeptierte sicher die gesellschaftliche Ordnung, bestimmt auch die Schöpfungsordnung Gottes: erst die Ehe, dann der Sex. Eine Schwangerschaft zu diesem Zeitpunkt war da völlig fehl am Platz! Josef wird stark ins Grübeln gekommen sein. Gut, man hätte früher heiraten und die Geburt dann als Frühgeburt definieren können … ob das wirklich eine gute Lösung gewesen wäre?

Josef kannte vielleicht auch die einschlägige Vorschrift aus dem Alten Testament: Steinigung! Wir lesen in 5. Mose 22,23-24:

> *»Wenn eine Jungfrau mit einem Mann verlobt ist, und es trifft sie ein Mann in der Stadt und schläft mit ihr, dann sollt ihr beide zum Tor der Stadt hinausführen und sie zu Tode steinigen, das Mädchen, weil es in der Stadt nicht geschrien hat, und den Mann, weil er die Frau seines Nächsten gedemütigt hat.«*

Eine sehr strenge Verordnung. Ob die Steinigung zur Zeit von Josef und Maria noch angewandt wurde, wissen wir nicht. Immerhin geht es – etwas später – in Johannes 8 ja auch um eine drohende Steinigung, die Jesus aber gerade noch abwenden konnte.

Dann wurde in Israel aber auch so etwas wie eine »stille Scheidung« akzeptiert. Hinweise dazu gibt 4. Mose 5. Für Josef wäre auch dies eine Möglichkeit gewesen, einigermaßen schadlos aus der Sache herauszukommen.

Wie auch immer, Josef wollte seiner Maria aber gewiss jedes Ungemach ersparen! Josef war eben ein Gerechter. Er sann nicht auf Rache. Er wollte so handeln, dass er der Maria gerecht wurde. Auch wenn sein Vertrauen zu Maria sicherlich erschüttert gewesen sein mag. Josef scheint eine aufrichtige Liebe zu Maria empfunden zu haben.

Wie ist es um unsere Liebe bestellt, nicht nur zu unserem Ehepartner, auch unsere Liebe zu Freunden, zu Kollegen und Nachbarn? Was ist unsere Reaktion, wenn wir glauben, dass ein Freund uns Unrecht getan oder ein nahestehender Mensch uns tief verletzt hat? Sinnen wir auf Rache, um es ihm heimzuzahlen? Sind wir voller Zorn und Bitterkeit? Oder wenden wir uns so schnell wie möglich ab, um das Ganze einfach vergessen zu können? Wir können uns aber auch dazu entscheiden, unseren Freund dennoch weiter zu lieben und die Maßstäbe der Bibel anzuwenden: Ansprechen, Klären, Aussprechen, Vergeben, Versöhnen. Das wäre nicht nur der Weg Gottes, das kommt auch meinem Freund und meiner Beziehung zu ihm am meisten entgegen. Diese Art der Liebe ist niemals einfach, aber sie ist möglich (siehe Johannes 17,26).

Aber was passiert nun mit Josef? Inmitten der Unruhe und des Grübelns tritt Gott in sein Leben. Plötzlich und unvermittelt. Gott spricht zu Josef im Traum. Ganz einfach, ohne theologischen Aufwand, erklärt er dem Zimmermann, wie er die Schwangerschaft seiner Verlobten zu verstehen habe.

Es wird in der Bibel öfter davon gesprochen, dass Gott sich dem Menschen im Traum offenbart. Schon Elihu, der Freund Hiobs, sagt:

> *»Einmal redet Gott und ein zweites Mal, doch man achtet nicht darauf. Im Traum, im Nachtgesicht, wenn tiefer Schlaf auf die Menschen fällt, im Schlummer auf dem Lager, da öffnet er das Ohr der Menschen und erschreckt sie mit seiner Warnung.« (Hiob 33,14 f.)*

Der Engel macht Josef klar, dass alles ganz anders ist, als er es sich gedacht hat. Erhabener, größer, gewaltiger. Er ist mit hineingenommen in einen großen, bedeutenden, weltumfassenden, göttlichen Plan. Zwar kann Josef dies alles jetzt noch nicht verstehen, er spürt aber, dass Gott im Spiel ist, dass Gott die Schwangerschaft bewirkt hat, und dass seine Maria ihm treu geblieben ist. Dies ändert abrupt seine Perspektive.

In dem Moment, als ihn diese kolossale Nachricht erreichte, war Josef im Schlaf. Ein Träumender. War Josef denn ein Träumer? Ein Träumer zu sein, wird oft assoziiert mit mangelnder Lebenstüchtigkeit. Wer will schon gerne ein Träumer sein?

Aber die biblischen Berichte zeichnen ein anderes Bild. Wer in der Bibel träumt, weist oft den Weg, ist Vorbild im Glauben, führt das Volk auf rechtem Weg.

In der Zukunft des Volkes Gottes, so beschreibt es Psalm 126, werden die Erlösten, die Befreiten, sein wie die Träumenden. Der Prophet Joel sieht voraus, dass die alten Männer Träume haben werden, und die jungen Männer Visionen.

Wenn man Josef mit den »bekannten« Träumern der Bibel vergleicht, kommt er ja eher unscheinbar rüber. Anders der bedeutende Josef aus dem Alten Testament: Er konnte sogar die Träume des Pharao deuten. Er war ein Staatsmann. Doch unser Josef aus Nazareth ist keine Führungsperson. Und dennoch wird er von Gott gebraucht. Gott hat im Traum zu Josef gesprochen, zu Josef, dem Zimmermann. Vielleicht können wir auch sagen: Bauhandwerker oder Architekt. Jedenfalls ein Handwerker, kein Theologe, kein Forscher, kein Theoretiker, sondern ein Mann der Tat und klarer Fakten. Auf Zahlen und genaue Messungen verlässt er sich eher als auf Träume und Verheißungen.

Und trotzdem: Josef hat verstanden. Nun sieht er klarer. Und nein, er wird dadurch nicht zu einem Träumer und dem, was wir damit verbinden. Er hat nun Hoffnung, Hoffnung auf eine Ehe mit seiner treuen, ergebenen Maria, und diese Hoffnung wird sich erfüllen. Nun muss er sich nicht mehr heimlich von Maria trennen.

Stellen wir uns vor, was das für eine unerwartete, gute Nachricht für ihn gewesen sein muss! Was für eine unglaubliche Entlastung für seine Seele! Josef muss ehrfürchtige Bewunderung, aber zugleich auch Freude empfunden haben. Und vor allem Erleichterung: Seine Maria war ihm treu geblieben! Die Empfängnis war vom Heiligen Geist! Maria war die Jungfrau aus Jesajas messianischer Weissagung (Matthäus 1,23)!

Wir sehen, Gott hatte eine Chance bei diesem gerechten Mann! Josef war vielleicht kein Mann der großen Worte, aber Josef hörte zu.

Gott spricht zu Josef. Gott spricht Josef an. Damit erhebt Gott einen »An-Spruch« an Josef. »Josef, höre zu! Werde ein anderer. Wachse im Glauben. Lass deinen Zweifel zurück. Warte auf den Messias und begreife dieses Wunder. Wachse über dich hinaus. Und werde auch ein guter Vater, ein echter Mann!« Denn der bald auf die Welt kommende Jesus wird auch einen irdischen Vater brauchen.

Wenn der Ewige den Menschen erscheint, heißt es oft: »Fürchte dich nicht!« So auch hier. Diese Zusage schwingt aber auch in dem Namen mit, den Josef dem Kind geben sollte: Jesus. Immanuel – Gott mit uns. Fürchte dich nicht! Diese Zusage, dass Gott auch mit Josef sein würde, bewahrt ihn davor, am Ende doch noch davonzulaufen.

Und so nimmt die Geschichte ein gutes Ende:

»Als Josef vom Schlaf erwachte, tat er,
wie der Engel des Herrn ihm befohlen hatte,
und nahm seine Frau zu sich.« (Vers 24)

Hier wird Josefs Glaube deutlich, und hier könnte Josef auch ein Beispiel für uns alle sein. Beachten wir, dass Josef dem Engel keine Fragen stellte und nicht an der göttlichen Offenbarung zweifelte. Ebenso wenig befragte der Engel Josef. Er tadelte ihn nicht für seine

Zweifel an Maria. Der Herr verlangt auch von uns nicht, eine unglaubliche Sache ohne eine göttliche Offenbarung einfach zu glauben. Gott verlangt von uns keinen blinden Glauben oder Leichtgläubigkeit. Der Glaube, zu dem Gott uns aufruft, ist ein vernünftiger Glaube – ein Glaube, der auf sein offenbartes Wort gegründet ist. Josef kannte wohl die alttestamentlichen Weissagungen über den kommenden Messias, und auf diese Verheißungen wies ihn der Engel hin.

So wie Josef dem Engel glaubte, weil dessen Botschaft sich auf die Schrift gründete, dürfen auch wir glauben und müssen nicht zweifeln an dem, was Gott uns in seinem Wort klar offenbart hat.

Machen wir uns diesen Punkt einmal klar am Beispiel unserer täglichen Bedürfnisse. Vielleicht sorgen wir uns um unsere Sicherheit? Dann zweifeln wir womöglich an Gottes Fähigkeit, für uns zu sorgen und unsere grundlegenden Bedürfnisse zu erfüllen. Wenn wir einen vernünftigen Glauben verwirklichen wollen, müssen wir im Hinblick auf unsere Bedürfnisse nicht zweifeln oder ängstlich werden – Gott hat doch klar gesagt, dass er uns »mit allen Dingen« versorgen will, wenn wir »zuerst nach dem Reich Gottes trachten« (siehe dazu Matthäus 6,25-34).

Zurück zu unserer Erzählung. Offenbar macht Josef keine große Geschichte um seine Berufung. Stattdessen handelt er und übernimmt verbindlich Verantwortung für seine kleine Familie. Er ist entschlossen, Vater zu sein. Vater in erschwerten Umständen, später sogar auf der Flucht. Und natürlich in der gemeinsamen Fürsorge um den kleinen Jesus, der bald geboren werden würde. Dass der Engel ihm auch den Namen des werdenden Kindes nennt, bedeutet, dass Josef hier die Vaterrolle wahrnehmen soll. Es ist Aufgabe und Recht des Vaters, seinem Kind einen Namen zu geben. Josef nimmt es auf sich, den Kleinen so zu erziehen, dass er bald seinem eigentlichen, himmlischen Vater ganz zur Verfügung stehen kann. Josef ist auch bereit dazu, Jesus gegen alle Gerüchte, die mit seiner zweifelhaften Geburt entstehen würden, zu verteidigen. In seiner Umgebung wird Josef seinen guten Ruf vielleicht eingebüßt haben: Entweder galt er als einer, der nicht bis zur Eheschließung warten konnte, oder man nahm an, dass seine Verlobte ihn kurz vor der Eheschließung betrogen hatte. Wir sehen bei Josef, dass er bereit war, um Gottes bzw. Marias willen solche Verleumdungen zu ertragen. Und so wird Josef der Ziehvater desjenigen, der gekommen war, das Volk von ihren Sünden zu erlösen. Wie das geschehen sollte, war dem Zimmermann sicher nicht klar. Er war aber gehorsam, eine entscheidende Rolle in diesem großen göttlichen Plan zu spielen.

Und hier begegnen wir einem dritten Merkmal von Josefs Charakterstärke: seinem Gehorsam!

Wir haben soeben ausgeführt: Wenn er Maria heiratete, nahm Josef alle Verleumdungen und Stigmatisierungen auf sich, die bald schon auf ihn zukommen würden. Die Juden in Johannes 8 sparten nicht mit entsprechenden Andeutungen, als sie gut dreißig Jahre später von Jesus in eine Diskussion verwickelt wurden. »Wir sind nicht durch Hurerei geboren …«, lästerten sie respektlos (Johannes 8,41). Aber Josef gehorchte der Botschaft des Engels, ungeachtet aller Konsequenzen.

Aber auch ein weiteres Ereignis im Leben des Josef zeigt seinen Gehorsam: Schon gleich nach Jesu Geburt forderte der Engel ihn und seine Familie zur Flucht nach Ägypten auf! Sicher hat Gott auf seine Art schon für die Mittel dieser Reise gesorgt – trotzdem war diese Flucht von mehr als 500 Kilometer auf einem Esel durch unbekanntes und unwegsames Land ein durchaus schwieriges Unterfangen, noch dazu mit einem kleinen Baby! Wir lesen nichts davon, dass Josef hier protestiert hätte! Er folgte einfach den göttlichen Anweisungen. Als es später Entwarnung gab, gehorchte er ebenfalls und kehrte in seine Heimat zurück.

Auch hier ist Josef ein gutes Beispiel für uns: Wenn wir nicht verstehen, was Gott in unserem Leben tun will, können wir dann trotzdem gehorchen? Vertrauen wir dem Herrn, selbst wenn Probleme auf uns zukommen und die Zukunft nicht so rosig aussieht (siehe Sprüche 3,5f)? Wenn es darum geht, zu vertrauen und zu gehorchen, dann können wir uns an Josef ein Beispiel nehmen.

Ein erneuter Blick auf die Weihnachtskrippe zeigt die Figur des gerechten Josef noch immer im Hintergrund stehend. Immer noch wirkt er ein wenig unbeteiligt. Schauen wir aber genauer hin, wird Josef für uns ein Mann mit echter Charakterstärke. Ein verantwortungsvoller Vater. Ein echter Mann. Wir wollen uns gern an ihn erinnern und seinem Beispiel der Liebe, des Glaubens und des Gehorsams folgen.

Rudolf Möckel
24x
Ein Blick hinter die Kulissen von Weihnachten
Gb., 112 S., 11 × 16,5 cm
Best.-Nr. 271629
ISBN 978-3-86353-629-9

„Weihnachten ist ein Fest mit ‚Haken'. Es zieht uns hin zu dem, der als unser Retter in diese Welt gekommen ist. Wer es ohne Haken haben will, geht leer aus. Oder anders gesagt: Weihnachten ist ein Fest zum Graben: Wer nicht bereit ist, die Ärmel aufzukrempeln und sich durchzugraben zu dem, worum es bei diesem Fest in Wirklichkeit geht, der wird kalt ausgesperrt von jeder Weihnachtsfreude! Und wahrlich: Es gibt viel zu graben gerade bei diesem Fest aller Feste."

Rudolf Möckel erfrischt den Leser mit klugen Denkanstößen, erhellenden Perspektiven und überraschenden Einsichten zum wichtigsten christlichen Fest der Gegenwart. Wer meint, er wäre schon fertig damit, sollte sich seine facettenreichen Wortbilder und Gedanken nicht entgehen lassen.

Rico Tice
Der ultimative Weihnachtswunschzettel
Was wäre, wenn du das bekommst, was du dir wirklich wünschst?
Tb., 11 × 18 cm
Best.-Nr. 271892
ISBN 978-3-86353-892-7

Liebst du Weihnachten auch so sehr? Die Lichter, die Plätzchen – und natürlich die Geschenke? Vielleicht sind dir der ganze Rummel und der Kommerz aber auch zuwider, und du wünschst dir nichts sehnlicher, als dass die Feiertage endlich vorbei sind. Wie auch immer du dieses Jahr Weihnachten verbringst – die meisten von uns freuen sich über Geschenke. Doch die halten oftmals nicht, was die hübsche Verpackung verspricht … Was wäre, wenn du dieses Mal das bekommst, was du dir wirklich wünschst? Etwas, bei dem du keine Begeisterung heucheln musst, nur um es danach heimlich umzutauschen? Begib dich auf die Suche nach den ultimativen Weihnachtsgeschenken, die dieses Jahr für dich unter dem Baum liegen könnten: Hoffnung, Frieden, Sinn und Zuversicht.

365-mal Menschen der Bibel begegnen
Andachten
Gb., 384 S., 13,5 × 20,5 cm
Best.-Nr. 271124
ISBN 978-3-86353-124-9

365-mal Menschen der Bibel begegnen ist mehr als ein tägliches Andachtsbuch über das Leben von über 200 biblischen Personen. Wie in einem Lexikon findet man wertvolle Anstöße für das Erzählen und Lehren über diese Männer und Frauen. Mit Themenindex.